हरिशंकर परसाई

22 अगस्त, 1924 को मध्य प्रदेश के होशंगाबाद जिले के जमानी गाँव में जन्मे हरिशंकर परसाई का आरम्भिक जीवन कठिन संघर्ष का रहा। पारिवारिक जिम्मेदारियों के बीच नागपुर विश्वविद्यालय से हिन्दी में एम.ए. किया और फिर 'डिप्लोमा इन टीचिंग' का कोर्स भी।

आपकी प्रकाशित कृतियाँ हैं—*हँसते हैं रोते हैं, जैसे उनके दिन फिरे* (कहानी-संग्रह); *रानी नागफनी की कहानी, तट की खोज* (उपन्यास); *तब की बात और थी, भूत के पाँव पीछे, बेईमानी की परत, वैष्णव की फिसलन, पगडंडियों का जमाना, शिकायत मुझे भी है, सदाचार का ताबीज, विकलांग श्रद्धा का दौर, तुलसीदास चन्दन घिसैं, हम इक उम्र से वाक़िफ़ हैं, निठल्ले की डायरी, आवारा भीड़ के खतरे, जाने-पहचाने लोग, कहत कबीर, ठिठुरता हुआ गणतंत्र* (व्यंग्य निबन्ध-संग्रह); *पूछो परसाई से* (साक्षात्कार)।

'परसाई रचनावली' शीर्षक से छह खंडों में आपकी सभी रचनाएँ संकलित हैं।

आपकी रचनाओं के अनुवाद लगभग सभी भारतीय भाषाओं और अंग्रेजी में हुए हैं।

आपको केन्द्रीय साहित्य अकादेमी पुरस्कार, मध्य प्रदेश के शिखर सम्मान आदि अनेक पुरस्कारों से सम्मानित किया गया।

आपका निधन 10 अगस्त, 1995 को हुआ।

पगडंडियों का ज़माना

हरिशंकर परसाई

राजकमल पेपरबैक्स

पहला पुस्तकालय संस्करण
राजकमल प्रकाशन प्राइवेट लिमिटेड द्वारा
1966 में प्रकाशित

राजकमल पेपरबैक्स में
पहला संस्करण : 1997
बारहवाँ संस्करण : 2024

राजकमल पेपरबैक्स : उत्कृष्ट साहित्य के जनसुलभ संस्करण

राजकमल प्रकाशन प्रा.लि.
1-बी, नेताजी सुभाष मार्ग, दरियागंज
नई दिल्ली-110 002
द्वारा प्रकाशित

शाखाएँ : अशोक राजपथ, साइंस कॉलेज के सामने, पटना-800 006
पहली मंजिल, दरबारी बिल्डिंग, महात्मा गांधी मार्ग, प्रयागराज-211 001
1, अनमोल सोराबजी संतुक लेन, धोबी तलाव, मरीन लाइंस, मुम्बई-400 002
वेबसाइट : www.rajkamalprakashan.com
ई-मेल : info@rajkamalprakashan.com

बी.के. ऑफसेट
नवीन शाहदरा, दिल्ली-110 032
द्वारा मुद्रित

रेखांकन : चंचल

मूल्य : ₹199

PAGDANDIYON KA ZAMANA
Satirical Essays by Harishankar Parsai

ISBN : 978-81-267-0037-0

पगडंडियों का ज़माना

अनुक्रम

हम, वे और भीड़

जनवरी के नोट्स

एक कैलेंडर और बेकार हो गया। पन्ना-पन्ना मैला हो गया और हर तस्वीर का रंग उड़ गया। हर साल ऐसा होता है। जनवरी में दीवार पर चमकीली तस्वीरों का एक कैलेंडर टँग जाता है और दिसम्बर तक तस्वीर की चमक उड़ जाती है। हर तस्वीर बारह महीनों में बदरंग हो जाती है।

पुराने कैलेंडर की तस्वीर बच्चे काट लेते हैं और उसे कहीं चिपका देते हैं। हम सोचते हैं, बच्चों का मन बहलता है, पर यह उनके साथ कितना बड़ा धोखा है। साल-दर-साल हम उनसे कहते हैं, लो बेटो, जो साल हमने बिगाड़ दिया, उसे लो; उसकी तस्वीर से मन बहलाओ। बीते हुए की बदरंग मुरझाई तस्वीरें हैं ये। आगत की कोई चमकीली तस्वीर हम तुम्हें नहीं दे सकते। हम उसमें खुद धोखा खा चुके

हैं और खाते रहे हैं। देनेवाले हमें भी तो हर साल के शुरू में रंगीन तस्वीर देते हैं कि लो अभागो, रोओ मत। आगामी साल की यह रंगीन तस्वीर है। मगर वह कच्चे रंग की होती है। साल बीतते वह भद्दी हो जाती है। धोखे की लम्बी परम्परा है। धोखा, जो हमें विरासत में मिला, हम तुम्हें देते हैं। किसी दिन तुम इन बदरंग तस्वीरों को हमारे सामने ही फाड़कर फेंक दोगे और हमारे मुँह पर थूकोगे।

नया साल आ गया। पहले मैं 15 अगस्त से नया साल गिनता था। अब वैसा करते डर लगता है। मन में दर्द उठता है कि हाय, इतने साल हो गए फिर भी! जवाब मिलता है—कोई जादू थोड़े ही है। पर तरह-तरह के जादू तो हो रहे हैं। यही क्यों नहीं होता? अफसर के इतने बड़े मकान बन जाते हैं कि वह राष्ट्रपति को किराए पर देने का हौसला रखता है। किस जादू से गोदाम में रखे गेहूँ का हर दाना सोने का हो गया? इसे बो दिया जाएगा, तो फिर सोने की फसल कट जाएगी।

जनवरी से साल बदलने में न दर्द उठता, न हाय होती और न 'फिर भी' का सवाल उठता। आखिरी हफ्ते में कुछ यादें जरूर होती हैं। 23 जनवरी याद दिलाती है कि सुभाष बाबू ने कहा था—'तुम मुझे खून दो, मैं तुम्हें आजादी दूँगा।' खून तो हमने दे दिया, मगर आजादी किन्हें दे दी गई? फिर 24 या 25 तारीख को लालकिले पर सर्वभाषा कवि-सम्मेलन होता है जिसमें बड़े कवि मेहनत करके घटिया कविता लिखकर लाते हैं और छोटे कवि मेहनत से और घटिया अनुवाद करते हैं। हिन्दी और उर्दू कवि खासतौर से उचक्कापन और 'ओवरएक्टिंग' करते हैं। यों इन भाषाओं की सारी समकालीन कविता घटिया हीरो की ओवरएक्टिंग है। फिर 26 जनवरी को गणतंत्र दिवस होता है और हम संविधान की प्रति निकालकर गणतंत्र के निर्देशक सिद्धान्त और बुनियादी अधिकारों का पाठ करते हैं। इसी वक्त गुरु गोलवलकर की वाणी सुनाई देती है कि राष्ट्र तो यह सिर्फ हिन्दुओं का है—मुसलमान, पारसी, ईसाई वगैरह विदेशी हैं और खासकर मुसलमान तो देशद्रोही हैं। मगर जो सुरक्षा सम्बन्धी गुप्त बातें पाकिस्तान को बताते हुए पकड़े गए, वे शुद्ध ब्राह्मण हैं। यह भी जादू है।

फिर 30 जनवरी...।

हमारे बापों से तब कहा जाता था कि आजादी की घास गुलामी के घी से अच्छी होती है। हम तब बच्चे थे, मगर हमने भी इसे सुना, समझा और स्वीकारा।

आजाद हो गए, तो हमने कहा—अच्छा, अब हम गौरव के साथ घास भी खा लेंगे।

नारा लगानेवालों से पूछना भूल गए कि कब तक खाएँगे।

मगर हमने देखा कि कुछ लोगों ने अपनी काली-काली भैंसें आजादी की घास पर छोड़ दीं और घास उनके पेट में जाने लगी। तब भैंसवालों ने उन्हें दुह लिया और दूध का घी बनाकर हमारे सामने ही पीने लगे।

मेरा एक मित्र सही कहता है—परसाई, तुम पर भीड़ हावी है। तुम हमेशा भीड़ की बात भीड़ के लिए लिखते हो। देखते नहीं, अच्छे लेखकों की सबसे बड़ी चिन्ता यह है कि भीड़ के दबाव से कैसे बचा जाए।

धोखा ही हुआ न! हमें और हमारे बापों को बताया ही नहीं गया था कि आजादी की घास तो होगी, पर कुछ के पास कभी-कभी भैंसें भी होंगी।

अब हम उनसे कहते हैं—यारो, तुम भी आजादी की घास खाओ न!

वे जवाब देते हैं—खा तो रहे हैं। तुम घास सीधे खा लेते हो और हम भैंसों के मारफत खाते हैं। वह अगर घी बन जाती है, तो हम क्या करें?

और हम अपने बाप को कोसते हैं कि तुमने तभी इस बारे में साफ बातें क्यों नहीं कर लीं। वह काली भैंसोंवाली शर्त क्यों मान ली? क्या हक था तुम्हें हमारी तरफ से घाटे का सौदा करने का?

सोशलिस्ट अर्थशास्त्री से पूछते हैं तो वह अपनी उलझी दाढ़ी पर हाथ फेरकर कहता है—कम्पल्शंस ऑफ ए बैकवर्ड इकानमी! पिछड़ी आर्थिकता की बाध्यताएँ हैं ये।

हैं तो। घर से दुकान तक पहुँचते भाव बढ़ जाते हैं।

देश एक कतार में बदल गया है। चलती-फिरती कतार है—कभी चावल की दुकान पर खड़ी होती है, फिर सरककर शक्कर की दुकान पर चली जाती है। आधी जिन्दगी कतार में खड़े-खड़े बीत रही है।

'शस्य श्यामला' भूमि के वासी 'भारत भाग्य विधाता' से प्रार्थना करते हैं कि इस साल अमेरिका में गेहूँ खूब पैदा हो और जापान में चावल।

हम 'मदरलैंड' न कहकर 'फादरलैंड' कहने लगें तो ठीक रहेगा। रोटी माँ से माँगी जाती है, बाप से नहीं। 'फादरलैंड' कहने लगेंगे, तो ये माँगें और शिकायतें नहीं होंगी।

मैं फिर 'भीड़' के चक्कर में पड़ गया।

मेरा एक मित्र सही कहता है—परसाई, तुम पर भीड़ हावी है। तुम हमेशा भीड़ की बात भीड़ के लिए लिखते हो। देखते नहीं, अच्छे लेखकों की सबसे बड़ी चिन्ता यह है कि भीड़ के दबाव से कैसे बचा जाए।

छोटा आदमी हमेशा भीड़ से कतराता है। एक तो उसे अपने वैशिष्ट्य के लोप हो जाने का डर रहता है, दूसरे कुचल जाने का। जो छोटा है, और अपनी विशिष्टता

को हमेशा उजागर रखना चाहता है, उसे सचमुच भीड़ में नहीं घुसना चाहिए। लघुता को बहुत लोग इस गौरव से धारण करते हैं, जैसे छोटे होने के लिए उन्हें बड़ी तपस्या करनी पड़ी है। उन्हें भीड़ में खो जाने का डर बना रहता है।

एक तरकीब है, जिससे छोटा आदमी भी भीड़ में विशिष्ट और सबके ध्यान का केन्द्र बन सकता है—उसे बकरे की या कुत्ते की बोली बोलने लगना चाहिए। भीड़ का उद्‌देश्य जब सस्ता अनाज लेने का हो, वह इसके लिए आगे बढ़ रही हो, उसका ध्येय, एक मन:स्थिति और एक गति हो—तब यदि छोटा आदमी बकरे की बोली बोल उठे, तो वह एकदम विशिष्ट हो जाएगा और सबका ध्यान खींच लेगा।

लोग मुझसे कहीं होशियार हैं। मेरे बताए बिना भी वे यह तरकीब जानते हैं और भूखों की भीड़ में बकरे की बोली बोल रहे हैं।

बड़ा डर है कि भीड़ हमें याने स्वतंत्र चिन्तकों और लेखकों को दबोच रही है।

वे नहीं जानते या छिपाते हैं कि भीड़ से अलग करके भी किसी एकान्त में दबोचे जाते हैं। लेखकों की चोरी करनेवाले कई गिरोह हैं। वे भीड़ में शिकार को ताड़ते रहते हैं और किसी बहाने उसे भीड़ से अलग करके, अपने साथ किसी अँधेरी कोठरी में ले जाते हैं। वहाँ उसके हाथ-पाँव बाँधकर मुँह में कपड़ा ठूँस देते हैं। तब स्वतंत्र चिन्तक सिर्फ 'घों-घों' की आवाज निकाल सकता है। गिरोहवाले उस 'घों-घों' में सौन्दर्यशास्त्रीय मूल्य ढूँढ़कर बता देते हैं। उसे तत्त्व-ज्ञान सिद्ध कर देते हैं।

जिसकी अनाज की थैली लेकर कोई दूसरा कतार में खड़ा है, वह भीड़ से घृणा कर सकता है। जिसका थैला अपने ही हाथ में है, वह क्या करे?

भीड़ से बचने का एक तरीका और है। एक मीनार खड़ी करो। उस पर बैठ जाओ। एक लम्बी रस्सी में खाने का डिब्बा बाँधकर नीचे लटकाओ और ऊपर से रोओ। कोई दया करके डिब्बे में रोटी-दाल रख देगा। डिब्बा ऊपर खींचकर रोटी खा लो और ऊपर से भीड़ पर थूको।

लेखक की हालत खस्ता है। वह सोचता है कि मेरा अलग से कुछ हो जाए। सबके साथ होने में विशिष्टता मारी जाती है। दिन-भर पेट भरने के लिए उसके जूते घिसते हैं और शाम को वह कॉफी-हाउस में बैठकर कहता है कि कोई हमें भीड़ से बचाओ।

उधर भीड़ कहती है कि कोई हमें इनसे बचाओ।

राजनीति की बू आती है, इन बातों से। है न?

लेखक को तो मनुष्य से मतलब है, राजनीति वगैरह से क्या?

मगर मनुष्य की नियति तय करनेवाली एक राजनीति भी है।

लेखक दम्भ से कहता है, पहली बार हमने जीवन को उसके पूर्ण और यथार्थ रूप में स्वीकारा है।

तूने भाई, किसका जीवन स्वीकारा है? जीवन तो अर्थमंत्री के बदलने से भी प्रभावित हो रहा है और अमेरिकी चुनाव से भी।

कल अगर फासिस्ट तानाशाही आ गई, तो हे स्वतंत्र चिन्तक, हे भीड़-द्वेषी, तेरे स्वतंत्र चिन्तन और लेखन का क्या होगा? फिर तो तेरा गला दबाया जाएगा और तूने अपनी इच्छा से कोई आवाज निकालने की कोशिश की तो गला ही कट जाएगा।

आज तू यह सोचने में झेंपता है और ऊपर से कहता है—आज हम जीवन से सम्पृक्त हैं।

भीड़ की बात छोड़ें। लेखकों की बातें करें।

'अज्ञेय' को 'आँगन के पार द्वार' पर अकादमी पुरस्कार मिल गया। पहले क्यों नहीं मिला? उम्र कम थी।

आम मत है कि 'आँगन के पार द्वार' से पहले के संग्रहों की कविताएँ अच्छी हैं।

फिर उन पर क्यों पुरस्कार नहीं मिला? तब उम्र कम थी और अच्छी रचना को पुरस्कृत करने की कोई परम्परा नहीं है।

पं. माखनलाल चतुर्वेदी का सम्मान हुआ और थैली भेंट की गई।

पहले क्यों नहीं यह हुआ? उम्र उनकी भी कम थी।

जानसन ने लॉर्ड चेस्टरफील्ड को चिट्ठी में लिखा था कि माई लॉर्ड, क्या 'पेट्रन' वह होता है जो किनारे पर खड़ा-खड़ा आदमी को पानी में डूबते देखता रहे और जब वह किसी तरह बचकर बाहर निकल आए, तो उसे गले लगा ले।

पुरस्कार और आर्थिक सहायता रचना करने के लिए मिलते हैं या रचना बन्द करने के लिए?

मैं देनेवालों के पास जाऊँ और कहूँ—सर, मैं लिखना बन्द कर रहा हूँ—इस उपलक्ष्य में मुझे आप क्या देते हैं?

सर पूछेगा—कब से बन्द कर रहे हो?

—अगली पहली तारीख से।

सर कहेगा—तुम कल ही से बन्द कर दो तो मैं कल ही से तुम्हारी मासिक सहायता बाँध देता हूँ। खबरदार, लिखा तो बन्द कर दूँगा।

मैं कहूँगा—ऐसा है तो आज से ही बन्द कर दूँगा। आज से ही तनखा बाँध दीजिए।

एक वृद्ध गरीब लेखक बेचारा इधर शहर में घूम रहा है। उसे दो 'प्रतिष्ठित' आदमियों से दरिद्रता के सर्टिफिकेट चाहिए। उसने सहायता के लिए दरख्वास्त दी है। उसमें नत्थी करेगा। तब कलेक्टर के चक्कर लगाएगा और कलेक्टर जाँच करके सिफारिश करेगा कि हाँ, यह लेखक सचमुच दरिद्र है, दीन है। जो दीन नहीं है, ऐसे दो बेईमान चन्दा खानेवालों ने इसकी दरिद्रता प्रमाणित की है।

क्या मतलब है इन शब्दों का—स्वतंत्रचेता, द्रष्टा, विशिष्ट, आत्मा के प्रति प्रतिबद्ध, आत्मा का अन्वेषी?

जिसने हमें क्रान्ति सिखाई थी और जो कहता है कि मेरी आत्मा में हिमालय घुस गया है, उसे मैंने अभी देखा।

जिसने ज्वाला धधकाने की बात की थी, उसे भी अभी देखा।

जो सन्त कवियों की 'स्पिरिट' को आत्मसात् किए है, उसे भी देखा।

कहाँ देखा?

मुख्यमंत्री के आसपास। तीनों में स्पर्धा चल रही थी कि कौन किस जेब में घुस जाए। कोट की दो जेबों में दो घुस गए।

तीसरे ने कहा—हाय, अगर मुख्यमंत्री पतलून पहने होते, तो मैं उसकी जेब में घुस जाता।

तीनों 'एम्प्लायमेंट एक्सचेंज' से कार्ड बनवाकर जेब में रखे हैं। किसी को कुछ होना है, किसी को कुछ!

कहानी पर बात करना व्यर्थ है। मैं पिछले दो महीने से व्यूह-रचना के सम्पर्क में नहीं हूँ। उसे जाने बिना मूल्यों की बात नहीं हो सकती। दिल्ली आकर चार तरह के लेखकों से मिलूँगा। वे चार तरह के कौन? कॉफी-हाउसवाले, टी-हाउसवाले, शालीमारवाले और फोन पर हेलोवाले!

साहित्य को सबसे बड़ी समस्या इस समय यह है कि डॉ. नामवर सिंह ने एक लेख में श्रीकान्त वर्मा को 'कोट' किया है और तारीफ तथा सहमति के साथ किया है। यह चकित कर देनेवाली बात है।

हम सबके लिए आगामी माह का साहित्यिक 'असाइनमेंट' यही है कि हम इस रहस्य का पता लगाएँ। तब कुछ लिखें-पढ़ें।

प्राइवेट कॉलेज का घोषणा-पत्र

[एक 'पार्टी' कॉलेज की स्थापना कर रही है। उसका एक घोषणा-पत्र तो अखबारों में छप चुका है। पर हिसाब की तरह, उस पार्टी ने घोषणा-पत्र भी दो बनाए थे। दूसरा, 'प्राइवेट घोषणा-पत्र' सच्चे हिसाब की बही में दबा हुआ था। उनकी नकल यहाँ दे रहा हूँ। —लेखक]

॥ श्री लक्ष्मीजी सदा सहाय॥

हम फर्म बाबूलाल छोटेलाल के वर्तमान मालिक अपनी प्रसिद्ध फर्म की एक नई शाखा खोल रहे हैं।

इस शाखा का नाम 'गोबरधनदास कॉलेज' होगा।

जैसा कि विश्व-विदित है, गोबरधनदास हमारे पूज्य पिता थे। वे अब इस असार संसार में नहीं हैं, जिससे हमारी फर्म के सिवा बाकी सब निस्सार हैं।

हम जानते हैं कि शिक्षा के धन्धे में उतना फायदा नहीं है, जितना सीमेन्ट या चीनी के धन्धे में। इसलिए शिक्षा की एक दुकान खोलना, व्यापारी भाई हमारी बेवकूफी ही समझेंगे। वे कहेंगे कि कॉलेज क्यों खोलते हो? उसी पैसे से चीनी का स्टॉक क्यों नहीं भर लेते?

उनका कहना भी ठीक है। पर हम थोड़ी दार्शनिक भावना भी रखते हैं। नर-देह चौरासी कोटि योनियों के बाद मिलती है—ऐसा कथा में भी आता है। इसलिए जीवन में स्वार्थ और परमार्थ दोनों साधने चाहिए। परमार्थ क्या है? कोई ऐसा काम करना, जिससे लोग हमें दानी, त्यागी और समाज-सेवक समझें। इससे यश बढ़ता है। यश ही परमार्थ है। हमें एक काम ऐसा जरूर करना चाहिए, जिससे नाम अमर रहे।

हमारे दिवंगत पिताजी की अमर होने की बड़ी लालसा थी। पर वे अपने जीवन-काल में इसका प्रबन्ध नहीं कर सके, क्योंकि वे फर्म के काम में हमेशा व्यस्त रहे। यह भार अब हमारे सिर पर है। हम पिताजी को अमर करना चाहते हैं। पहले हम हर गर्मी में प्याऊ खुलवा देते थे। लोग स्टेशन के पास के चौराहे की 'श्री गोबरधनदास प्याऊ' को भूले न होंगे। पर हमने देखा कि प्याऊ से स्वर्गीय पिताजी का नाम सिर्फ गर्मी के महीनों में ही जीवित रहता है। बाकी दस महीने वे भुला दिए जाते हैं। जो गर्मी में रोज हमारी प्याऊ का पानी पीकर जिंदा रहते हैं, वे भी सर्दियों में याद नहीं रखते कि वैशाख में हमारे पिताजी ने उन पर अहसान किया था। लोग बड़े कृतघ्न हैं।

प्याऊ से पिताजी बारहों महीने और सैकड़ों साल अमर नहीं रह सकते, यद्यपि इसमें खर्च कम बैठता है। पर किफायत से कहीं अमरता मिली है! हमने सोचा कि उनके नाम से एक धर्मशाला बनवा दें। जब तक इमारत रहेगी, तब तक तो उनका नाम रहेगा ही। अगर कालान्तर में जमीन में समा गई, तो भविष्य के पुरातत्त्ववेत्ता उसे खोद निकालेंगे और पिताजी का नाम हमेशा के लिए इतिहास में चला जाएगा। पर कुछ सयानों ने समझाया कि समाजवाद का बड़ा हल्ला हो रहा है। आगे ज़माना खराब आ रहा है। अगर समाजवाद हो गया, तो कोई दीन-दुखी या भिखारी नहीं रहेगा। तब तुम्हारी धर्मशाला में ठहरेगा कौन? और कौन तुम्हारे पिताजी का नाम स्मरण करेगा?

आखिर बहुत सोच-विचार के बाद हमने कॉलेज खोलने का निश्चय किया है।

कॉलेज खोलने से हमारे परिवार पर लगा एक कलंक भी मिट जाएगा। हमारे पूज्य पिताजी पढ़े-लिखे नहीं थे। यह बड़े शर्म की बात है कि जिसने इस फर्म का इतना विकास किया, वह बेपढ़ा था। पर जब आगामी पीढ़ियाँ उनके नाम का

कॉलेज देखेंगी, तो यही समझेंगी कि गोबरधनदास बीसवीं शताब्दी के कोई महान विद्वान या शिक्षा-शास्त्री रहे होंगे। तभी तो उनके नाम से लोगों ने कॉलेज खोला था। यह लाभ धर्मशाला या अनाथालय से नहीं मिल सकता था।

इस कॉलेज की स्थापना के लिए हमने एक लाख रुपए का दान किया है। यह रहस्य कम लोग ही समझेंगे के वास्तव में हमारी गाँठ से चालीस हजार ही गए हैं। साठ हजार तो इनकम-टैक्स के यों भी जाते। चालीस हजार में एक लाख के दान का श्रेय खरीद लेना, हमारे पिताजी की स्मृति के अनुकूल ही हुआ।

हम दूसरे व्यापारी भाइयों के पास गए और उनसे कहा कि हमारे पिताजी को अमर बनाने के कार्य में आप लोग भी मदद दें। उन्होंने भी सहर्ष पैसा दिया, क्योंकि आज हमारे पिता का काम अटका है, तो कल उनके बाप का अटक सकता है।

इस तरह तीन लाख रुपए इकट्ठे करके हम शिक्षा-मंत्री के पास गए। शिक्षा-मंत्री के प्रपितामह हमारे प्रपितामह की दुकान पर मुनीम थे। जब वे इस सम्बन्ध को भूलने लगते हैं, तब हम उन्हें याद दिला देते हैं। पिछले चुनाव में हमने अपनी जाति के सब वोट शिक्षा-मंत्री को दिला दिए थे। हमने उनके सामने पिताजी को अमर बनाने की योजना रखकर कहा कि इसमें कुछ रुपए घटते हैं। शिक्षा-मंत्री ने कहा कि वे तो मेरे भी पिता-तुल्य थे। मुझे फिर उसी क्षेत्र से चुनाव लड़ना है, इसलिए उनका आशीर्वाद चाहिए। मैं तो खुद उन्हें अमर करने की कोशिश में था और उनके नाम से एक विश्वविद्यालय खोलने का इरादा कर रहा था। आप अगर एक कॉलेज से ही सन्तुष्ट होते हैं, तो मैं सरकार की तरफ से आठ-दस लाख रुपए उनकी स्मृति में दे दूँगा और उनका यह स्मारक बनवा दूँगा।

इस तरह सिर्फ चालीस हजार की पूँजी लगाकर दस-बारह लाख की संस्था पर पूज्य पिताजी कब्जा कर लेंगे। उनकी देह नष्ट हो गई है, पर जैसा गीता में कहा है, आत्मा नहीं मरती। उनकी आत्मा अभी भी उसी व्यावसायिक कुशलता से कार्य कर रही है।

संस्था का काम व्यवस्थित ढंग से चलना चाहिए। हम इसे एक आदर्श संस्था बनाना चाहते हैं। इस उद्देश्य से हमने इसके संचालन के लिए कुछ सिद्धान्त और नियम बना लिये हैं, जिनका पालन आवश्यक है। नीचे हम इन्हें दे रहे हैं—

1. कॉलेज की इमारत बनाने का ठेका हमारे फूफाजी को ही दिया जाएगा। पिताजी की स्मृति के प्रति ईमानदार होने के लिए यह जरूरी है। उन्होंने शिव-मन्दिर चन्दे से बनवाया था, जिसका ठेका फूफाजी को ही दिया गया था।
2. यदि सरकार इमारत के निर्माण में हस्तक्षेप करे और इसका ठेका शिक्षा-

मंत्री के साले को दे, तो भी चूना-सीमेन्ट की सप्लाई हमसे करवानी होगी।

3. जब यह इमारत बन रही हो, तब यदि हमारा भी कोई मकान निर्माण के पथ पर हो, तो उसके सामान का उपयोग इसमें से हो सकता है, क्योंकि फर्म एक ही है।
4. जब तक हमारे मामाजी की स्टेशनरी की दुकान है, तब तक कॉलेज के लिए सारी स्टेशनरी उनकी दुकान से खरीदनी पड़ेगी। पिताजी मामाजी को बहुत चाहते थे और उन्होंने ही यह दुकान खुलवा दी थी। यदि किसी दूसरी दुकान से स्टेशनरी खरीदी गई, तो पिताजी की आत्मा को क्लेश होगा।
5. बगीचे में आम, पपीता, कटहल आदि के वृक्ष लगाए जाएँगे और इनके फल हमारे घर भेजे जाएँगे। यह जिम्मेदारी प्रिंसिपल की होगी। इसमें भूल होने पर प्रिंसिपल के विरुद्ध अनुशासन-भंग की कार्यवाही की जाएगी।
6. हमारे खानदान में जब भी शादी होगी, कॉलेज की इमारत खाली करके बरात ठहराने के लिए देनी होगी। बिजली वगैरह का खर्च कॉलेज के हिसाब में जाएगा।
7. कॉलेज की व्यवस्था-समिति के अध्यक्ष हम होंगे। हमारे बाद हमारा लड़का होगा। यही परम्परा आगे भी चलेगी। हमारे पिता और माता के पक्ष के रिश्तेदार सदस्य होंगे।
8. अन्य सदस्य ऐसे होंगे, जिनका विद्या से बहुत दूर का रिश्ता हो। विद्वान लोग बाल की खाल निकालकर गड़बड़ पैदा करते हैं, क्योंकि यह एक व्यावसायिक प्रतिष्ठान है, इसलिए इसे चलाने में व्यापारी-वर्ग का अधिक हाथ रहेगा।
9. जैसा कि आरम्भ में ही घोषित कर दिया गया है, यह कॉलेज हमारी फर्म की एक शाखा है। इसलिए इसके प्रिंसिपल का दर्जा हमारी दुकान के हेड मुनीम के बराबर होगा और प्रोफेसर लोग मुनीम माने जाएँगे।
10. प्रिंसिपल को प्रतिदिन हमें दुकान पर 'जैरामजी की' करने आना पड़ेगा। जिस दिन वह न आएगा, उस दिन का वेतन काट लिया जाएगा। अगर वह लगातार पन्द्रह दिनों तक नहीं आया, तो निकाल दिया जाएगा।
11. हर प्रोफेसर को हफ्ते में कम-से-कम एक बार हमें 'जैरामजी की' करने आना पड़ेगा। जो रोज आएगा, उसके प्रिंसिपल बनने के चांस रहेंगे।
12. चपरासी को आधा समय कॉलेज में और आधा समय दुकान में काम करना होगा। उन्हें एतराज नहीं होना चाहिए, क्योंकि फर्म एक ही है।
13. हमारे खानदान के हर लड़के-लड़की की शिक्षा का सारा भार कॉलेज के

स्टाफ पर रहेगा। उन्हें घर आकर मुफ्त में पढ़ाना होगा और परीक्षा के पहले पेपर बताने से लेकर बाद में नम्बर बढ़ाने तक का काम उन्हें करना होगा।

14. प्रोफेसरों का मुख्य कार्य पढ़ाना नहीं, बल्कि हमारे पास आकर हमारी चापलूसी तथा साथियों की चुगली करना होगा। चुगली सुनने के लिए हम आधी रात को भी तैयार रहेंगे।
15. यदि हमारे परिवार में कभी कोई ऐसा नालायक लड़का हुआ, जो धन्धा न कर सके, तो उसे प्रोफेसर बनाना होगा।

हम होशोहवास में अपनी मर्जी से ये घोषणाएँ कर रहे हैं।

हम आशा करते हैं कि सब लोग हमारी मदद करेंगे, जिससे यह कॉलेज एक आदर्श संस्था बन सके।

इति। भूल-चूक लेनी-देनी।

सज्जन, दुर्जन और कांग्रेसजन

[आदमी तीन तरह के होते हैं—सज्जन, दुर्जन और कांग्रेसजन। हार के बाद सज्जन अपने को देखता है, दुर्जन दूसरे को और कांग्रेसजन कभी अपने को कभी-कभी दूसरे को। तीसरा भी उसे देखता है, इस बात का कांग्रेसजन को स्मरण दिलाने के लिए, एक नेता कोटि के कांग्रेसजन का यह इंटरव्यू प्रकाशित करा रहा हूँ—लेखक।]

गद्दे पर तकिए के सहारे वे लुढ़के थे। सामने तश्तरी में पान रखे थे। दोनों गालों में पान भरे थे और वे आँखें बन्द किए पान चबा रहे थे। मैं चुपचाप एक कुर्सी पर बैठ गया। दसेक मिनट बाद उन्होंने पान खाने के लिए आँखें खोलीं और मुझे देखकर मुस्कराए। दो-तीन पान मुँह में ठूँसकर, अवरुद्ध मुँह से बोले, "कैसे कष्ट दिया?" मैंने कहा, "भैया सा'ब, मैं आपसे इंटरव्यू लेने आया हूँ। कुछ प्रश्न करूँगा।"

उन्होंने तश्तरी के पान गिने और कहा, ''आपको लगभग दो घंटे रुकना पड़ेगा। बारह पान बचे हैं। मैं नियमपूर्वक दोपहर को लेटे-लेटे बीस पान खाता हूँ। यह रचनात्मक कार्यक्रम है। इसमें विघ्न नहीं पड़ सकता। ये बारह पान मैं दो घंटे में खा लूँगा। आपके लिए डेढ़ घंटे में भी खा सकता हूँ। तब तक आप चुपचाप बैठें।''

वे आँखें बन्द करके लेट गए। मैं उनके चलते मुँह को देखता रहा। हर आठ-दस मिनट बाद वे आँखें सिर्फ इतनी खोलते कि पान दिख जाएँ और हाथ सिर्फ इतना हिलाते कि पान पकड़ में आ जाए।

लगभग दो घंटे बाद वे उठकर बैठे, कहने लगे, ''माफ कीजिए, आपको बैठना पड़ा। बात यह है कि मैं नियम का पक्का हूँ। मेरे कुछ नियमित कार्यक्रम हैं, जिन्हें मैं किसी भी कीमत पर नहीं त्यागता। जैसे मैं रोज एक घंटे शाम को छज्जे पर बैठकर जन-सम्पर्क करता हूँ। नीचे जनता गुजरती रहती है। इसी तरह मैं नियमपूर्वक खादीजी की पूजा करता हूँ।''

''खादीजी की पूजा? मैं समझा नहीं।'' मैंने कहा।

उन्होंने उँगली से एक कोने की तरफ इशारा करते हुए कहा, ''वह देखिए।''

कोने में एक सिंहासन पर खादी का थान रखा था। उस पर अक्षत-कुंकुम और फूल चढ़े थे। सामने आरती की थाली रखी थी।

भैया सा'ब बोले, ''पुराना गांधीवादी हूँ न। धर्म नहीं छोड़ा मैंने, औरों की तरह। अभी भी खादीजी की पूजा करता हूँ। मेरे घर में तकलीजी और चरखाजी भी हैं।''

मैंने पूछा, ''भैया सा'ब, आप स्वीकार करेंगे कि कांग्रेस के भीतर भी बड़ा मतभेद है, दलबन्दी है। आप किस दल में हैं? यानी आप किसके सिद्धान्तों को स्वीकार करते हैं?''

उन्होंने जवाब दिया, ''मैं दलबन्दी में नहीं पड़ता। मैं तो पंडित नेहरू का अनुयायी हूँ, उन्हीं के सिद्धान्तों पर चलता हूँ।''

मैंने बात आगे बढ़ाई, ''पंडितजी के कौन-से सिद्धान्त हैं, जिन्हें आप मानते हैं?''

वे उठे। खूँटी पर टँगी शेरवानी निकालकर पहनी और उसके चौड़े बटन-होल में गुलाब के फूलों का एक गुलदस्ता खोंस लिया। मुस्कराते हुए बोले, ''इससे बड़ा सबूत आपको क्या चाहिए कि मैं पंडित नेहरू के सिद्धान्तों पर चलता हूँ। पंडितजी को गुलाब पसन्द है। वे एक कली शेरवानी में लगाते हैं, तो मैं एक गुलदस्ता खोंसता हूँ। भई, हम तो पंडितजी की नीतियों में विश्वास रखते हैं।''

मैंने कहा, ''भैया सा'ब, हर चुनाव के मौके पर जो यह आवाज उठती है कि नए खून को जगह देनी चाहिए, इसके सम्बन्ध में आपकी क्या राय है?''

भैया सा'ब ने अपनी सफेद मूँछों को उमेठा और जवाब दिया, "जवानों को धीरज नहीं है। अरे, उनके सामने तो पद-ग्रहण करने के लिए जिन्दगी पड़ी है। उन्हें क्या जल्दी है? हमारे पास तो मुश्किल से पाँच-दस साल होंगे।"

वे गंभीर हो गए। सोचते रहे। बोले, "पुराना चावल अच्छा होता है। मैं तो वह दिन देखना चाहता हूँ जब विधानमंडलों और सचिवालयों के सामने एम्बुलेंस गाड़ियाँ खड़ी हों और उनमें से स्ट्रेचर पर उठाकर सदस्य और मंत्री भीतर ले जाए जाएँ। कांग्रेस के विरोध का मूल कारण यह है कि कुछ वृद्ध कांग्रेसी बेकारी की समस्या से पीड़ित हैं, जैसे—राजाजी। आप ही बताइए, आज राजाजी अगर नौकरी से लगे होते तो क्या वे इतना ऊधम मचाते? एक मामूली एम.एल.ए. का दामाद जहाँ अच्छी नौकरी पा जाता है, वहाँ गांधीजी का समधी बेकारी से पीड़ित है, धिक्कार है!"

वे उद्विग्न हो गए। मुख पर पवित्र ग्लानि आ गई। फिर संयत होकर बोले, "पुराने लोगों के रिटायर होने से जनता का बड़ा नुकसान होगा। मान लो, जनता के कुछ लोग जुआ खेलते हुए पुलिस द्वारा पकड़ लिये गए। अब उन्हें क्या नया नेता छुड़वा सकता है? हरगिज नहीं। यह काम पुराना आदमी ही कर सकता है, उसके अफसरों से पुराने ताल्लुकात हैं?"

मेरा दूसरा प्रश्न था, "जनसंघ के सम्प्रदायवाद से संघर्ष करने के लिए आपके पास क्या प्रोग्राम है?"

इस प्रश्न से वे खिल उठे। बड़े आत्मविश्वास से बोले, "इस समस्या की पकड़ जितनी ठीक मुझे है, उतनी पंडितजी को भी नहीं है। सम्प्रदायवाद का उतार है, जातिवाद। अपने परगने में मैंने इस नीति से जनसंघ का पानी उतार दिया। तुम हिन्दूवाद चलाओगे, तो मैं ब्राह्मणवाद चलाऊँगा। तुम डाल-डाल तो मैं पात-पात! मुझसे नहीं जीत सकते।" वे ठहाका मारकर खुली हँसी हँसे।

उनके विश्वास से मैं प्रभावित हुआ। वे मुझे विश्वास में लेकर बोले, "भाई, कह कुछ भी लो, मगर जात और धर्म सनातन हैं। ये नहीं मिट सकते। पर पंडितजी कहते हैं कि सब एक हैं, तो ठीक है—हम भी कह देंगे।"

भैया सा'ब के सुलझे विचारों का परिचय पाकर मैंने उनसे कुछ गहरे सवाल किए।

मैंने कहा, "भैया सा'ब, विरोधी लोग आपकी पार्टी और सरकार की कई मुद्दों पर आलोचना करते हैं। जैसे वे..."

बात काटकर उन्होंने घूँसा तानते हुए कहा, "मैं विरोधियों को मुँहतोड़ उत्तर दे सकता हूँ और देता हूँ। क्या कहते हैं वे?"

मैंने कहा, "जैसे वे कहते हैं कि तटस्थ विदेश-नीति असफल रही है और हमें इसे त्याग देना चाहिए। आप बताइए कि हमने तटस्थ विदेश-नीति क्यों अपनाई और उससे हमें कौन-से फायदे हुए?"

भैया सा'ब नीचा सिर करके बड़ी गम्भीरता से सोचने लगे।

मैं जवाब के लिए उनकी तरफ देखने लगा, "आपने जवाब नहीं दिया?"

उन्होंने सिर उठाते हुए कहा, "देता हूँ।"

वे झटके से उठे और तकिए पर खड़े हो गए। दोनों भुजाएँ उठाकर बड़े जोर से चिल्लाए, "महात्मा गांधी की जय! पंडित नेहरू की जय!"

मैं तो अचकचा गया। पर वे फिर शान्त भाव से बैठ गए और बोले, "दूसरा सवाल पूछिए।"

मैं दुविधा में पड़ा। पूछूँ कि न पूछूँ?

पर वे अपने जवाब से इतने सन्तुष्ट लगे कि मैंने उनकी खुशी के लिए ही सवालों का क्रम जारी रखा।

मेरा दूसरा सवाल था, "भैया सा'ब, विरोधी लोग सार्वजनिक क्षेत्र की बहुत आलोचना करते हैं। क्या आप जनता का समाधान करेंगे कि सार्वजनिक क्षेत्र के उद्योगों का राष्ट्र के विकास में क्या महत्त्व है और उनकी अब तक की उपलब्धियाँ और भविष्य की आशाएँ क्या हैं?"

वे फिर सोचने लगे। सोचते-सोचते उठे और कूदकर टेबल पर चढ़ गए। हाथ ऊँचे करके फिर आवाज लगाई, "पंडित नेहरू जिन्दाबाद!"

वे उतरकर गद्दे पर बैठ गए और बोले, "आगे सवाल करिए।"

मैंने कहा, "आप अपनी चीन-सम्बन्धी नीति को क्या स्पष्ट करेंगे? और क्या यह भी बतलाएँगे कि चीन के हमले के बावजूद रूस से मित्रता के सम्बन्ध राष्ट्रहित में क्यों आवश्यक हैं?"

भैया सा'ब विचारमग्न हो गए। फिर उठकर इस बार कुर्सी पर खड़े हो गए और भुजाएँ उठाकर चिल्लाए, "पंडित नेहरू के हाथ मजबूत करो।"

वे फिर गद्दे पर बैठ गए। शान्त भाव से कहा, "हाँ, पूछते जाइए। नीति और सिद्धान्त-सम्बन्धी चर्चा में मुझे बड़ी दिलचस्पी है। विरोधियों के तर्कों को मैं घास की तरह काट देता हूँ।"

मैंने कहा, "भैया सा'ब, समाजवादी रचना का जो आपका ध्येय है, उसकी रूपरेखा पिछली तीन योजनाओं के सन्दर्भ में समझाने की कृपा करेंगे?"

भैया सा'ब इस बार सोफे पर चढ़ गए और चिल्लाए, "चाचा नेहरू जिन्दाबाद! जवाहर चाचा जिन्दाबाद!"

उन्होंने गद्दे पर आसन ग्रहण करके कहा, "और पूछो।"

मैंने कमरे में एक नजर घुमाई और मेरी हिम्मत पस्त हो गई। वे प्रश्न पूछने के लिए जोर देने लगे और मेरा मन काँपने लगा। आखिर मैंने कहा, "अब सवाल पूछने की हिम्मत नहीं हो रही है।"

उन्होंने बड़े स्नेह से कहा, "क्यों, डरते क्यों हो ? पूछो। मैं बुरा नहीं मानता।"

मैंने कहा, "डरता इसलिए हूँ कि कमरे में आपके चढ़ने के लिए सिर्फ दो चीजें बची हैं—अलमारी और यह आपका दास। अलमारी जरा ऊँची पड़ती है। डरता हूँ कि मैंने सवाल किया और आप जवाब देने के लिए मेरे सिर पर..."

वे खिलखिलाकर हँस पड़े।

मैंने उनकी प्रसन्नता का फायदा उठाया और वहाँ से चुपचाप चल दिया।

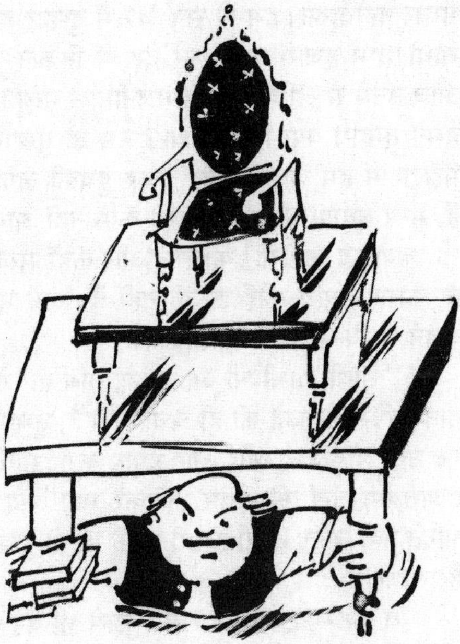

प्रजावादी समाजवादी

साथी तेजराम 'आग' प्रजा समाजवादी दल के पुराने और प्रतिष्ठित नेता हैं। वे पहले प्राय: टोपी भी लगाते थे, पर एक दिन डॉ. लोहिया ने कह मारा कि यह बड़ी बेवकूफी की बात है। 'आग' ने उसी दिन से प्राय: टोपी उतार दी। अब वह नंगे सिर ही रह रहे हैं।

मैं उनके कमरे में चुपके से चला गया। वे बाबू जयप्रकाश नारायण के एक बड़े चित्र के सामने खड़े-खड़े रो रहे थे और कहते जाते थे—''साथी, अब लौट आओ। बहुत साल हो गए। संन्यास तो तुमने लिया, पर बनवास हमें हो गया। साथी, पन्द्रह साल हो गए, जब तुमने हमसे कहा था कि 1952 में अपनी सरकार बनेगी। मगर यह '63 पूरा होने को आया। इन सालों में मैंने संसद से लेकर नगरपालिका तक का हर चुनाव और उपचुनाव लड़ा, पर आज तक कहीं का

मेम्बर नहीं हुआ। हम तो सन् '47 में तुम्हारे ही भरोसे कांग्रेस से निकल आए थे। साथी! हम हजारों युवक पूरे देश में निकल-निकलकर तुम्हारे पीछे हो गए थे। आज उनमें से अधिकांश की राजनीतिक मृत्यु हो चुकी है। तुमने ऐसा क्यों किया? हमने तुम्हारा क्या बिगाड़ा था? हम तो तुम्हारे भरोसे नाव में बैठ गए और तुम मँझदार में हमें छोड़ पतवार लेकर डुबकी लगा गए। साथी, अब हम बूढ़े हो गए हैं, मगर बुढ़ापा भी हमारे किसी काम नहीं आया। कांग्रेस में ही रहते तो हम आज भी 'वयोवृद्ध कांग्रेसी' कहलाते और कहीं सरकार में होते। मगर इस पार्टी में होने के कारण हमारी कोई इज्जत नहीं है। एक मामूली पुलिस इन्स्पेक्टर तक हमारे कहने से किसी को नहीं छोड़ता।

"साथी, अभी भी आ जाओ, अब तो 'नेहरू के बाद कौन?' प्रश्न पर दो-तीन कांग्रेसी नेताओं की ही चर्चा होती है, तुम्हारे बार-बार कहने पर भी जब नेहरू पद नहीं छोड़ता तो कोई और उपाय करो, साथी। अब तो लौट ही आओ। तुम तो हजारीबाग जेल की दीवार फाँदकर भाग आए थे। क्या तुमसे सर्वोदय आश्रम से भागते नहीं बनता। जरा हमारी तरफ भी तो देखो। तुमने हमारा क्या हाल कर दिया है, साथी!"

वे फूट-फूटकर रोने लगे। मुझसे भी वह दुख देखा नहीं गया। मेरी भी आँखें गीली हो गईं।

मैंने धीरे से पुकारा, "आगजी!"

वे डूबे थे। बिना मुड़े ही बोले, "यहाँ कोई आगजी नहीं है। कई साल पहले थे। अब तो यहाँ राखजी रहते हैं।"

उन्हें मेरी उपस्थिति का अभी तक कोई आभास नहीं था। मैं जोर से खाँसा। वे अचकचाकर मुड़े। झट आँसू पोंछ डाले। बोले, "आप यहाँ कब से खड़े हैं?"

मुझसे झूठ नहीं बोला गया, "काफी देर हो गई।"

वे परेशान हो गए। पूछा, "तो क्या आपने रोना देख लिया?"

"रोना नहीं, विलाप!" मैंने कहा।

"हाँ, विलाप ही सही। पर क्या आपने देख लिया?"

"जी हाँ, और सुन भी लिया।"

वे चिन्ता में पड़ गए। कहा, "देखिए, आप किसी से कहिए नहीं।"

मैंने कहा, "मगर आगजी, कल शाम को तो आप सभा में सरकार से इस्तीफा माँग रहे थे, संघर्ष की धमकी दे रहे थे। और इधर आप..."

आगजी ने कहा, "वह सार्वजनिक मामला था, यह प्राइवेट है। बाहर वीर-रस होता है, भीतर करुण-रस!"

मैंने पूछा, "यह कार्यक्रम क्या रोज चलता है?"

उन्होंने कहा, "हाँ, लेकिन आधार बदलता रहता है।"

"क्या मतलब?" मैंने कहा।

उन्होंने समझाया, "यही कि कभी-कभी मैं राजाजी के सामने और गुरु गोलवलकर के सामने भी रो लेता हूँ कि तुम्हीं कुछ करो हमारे लिए।"

उनके कमरे में लगभग सब देशों के नेताओं की तस्वीरें टँगी थीं। पंडित नेहरू की भी एक बड़ी तस्वीर थी।

मैंने पूछा, "आगजी, कभी नेहरू भी आपके विलाप के आधार होते हैं?"

वे बोले, "हाँ, उन्होंने और जयप्रकाश ने मिलकर ही हमारा यह हाल किया है। दोनों ने हमारे साथ धोखा किया। जयप्रकाश ने जो किया, सो तो आपने अभी सुन ही लिया। नेहरू ने 1956 में अवाड़ी कांग्रेस में हमारे साथ महान धोखा किया। उन्होंने हमारा 'समाजवाद' का नारा ही छीन लिया। अरे, ऐसा 1947 में ही कह देते, तो हम क्यों और समाजवाद के चक्कर में पड़ते? हम कोई और पार्टी देखते। जनसंघ में ही चले जाते।"

उनके अन्तिम वाक्य से मैं चौंका। मैंने कहा, "आगजी, जनसंघ और समाजवादी पार्टियों में कोई अन्तर आप नहीं मानते? इसमें नहीं तो उसमें आना-जाना सहज ही हो जाता है?"

आगजी के चेहरे पर अब राजनीतिक ज्ञान की चमक आ गई, बोले, "कोई अन्तर नहीं है। वे भी विरोधी हैं, हम भी विरोधी हैं। विरोधी-विरोधी सब एक होते हैं।"

उनका आत्मविश्वास लौट आया था। वे सपने में डूबते हुए कहने लगे, "सब विरोधी मिलकर इस सरकार को निकाल देंगे। तब हमारी सरकार बनेगी। यही हमारी योजना है।"

मैंने कहा, "मगर आगजी, आप समाजवादी हैं, स्वतंत्रपार्टी, पूँजीवादी, जनसंघ सम्प्रदायवादी, द्रविड़ मुनेत्र कड़गम पृथकतावादी। यदि सबके मेल से यह सरकार निकल भी गई, तो आप लोग, जिनके परस्पर-विरोधी सिद्धान्त हैं, काम कैसे करेंगे? समाजवादी का स्वतंत्री कट्टर दुश्मन होगा। अखंड भारत वाले जनसंघ की दुश्मनी डी.एम.के. से होगी। तो जब भारत आपके कब्जे में आ जाएगा, तब आपस में कशमकश नहीं मचेगी?"

मेरी शंकाओं पर उन्हें हँसी आई। जैसे शिक्षक बच्चे को समझाता है, वैसे मुझे समझाने लगे, "देखो, साथ काम करने के लिए हर एक को कुछ छोड़ना पड़ता है। हमने हिसाब लगा लिया है। हम दक्षिण भारत तो डी.एम.के. को दे देंगे कि लो भाई, तुम अपना हिस्सा सँभालो। स्वतंत्र पार्टी के सन्तोष के लिए हम राजा-रानियों को उनके रजवाड़े वापस कर देंगे और भिलाई जैसे सार्वजनिक उद्योग

प्राइवेट कम्पनियों को दे देंगे। जनसंघ के सन्तोष के लिए हम कहेंगे कि भाई तुम दक्षिण अफ्रीका जैसे कानून बना लो और हिन्दू को वही दर्जा दे दो, जो दक्षिण अफ्रीका में गोरे को दिया है। पंजाब हम मास्टर तारासिंह को सौंप देंगे। अब जितना हिस्सा देश का बचेगा, उसमें सब ठीक चलेगा।''

मैंने पूछा, ''आगजी, योजना तो अच्छी है। मगर इसमें आपका समाजवाद कहाँ रहेगा?''

आगजी ने जवाब दिया, ''समाजवाद को गोली मारो। वे शब्द पुराने पड़ गए। पार्टी का कोई नाम तो होना चाहिए, इसलिए हमने 'समाजवादी' नाम रख लिया। मूल मन्तव्य है, सत्ता हासिल करना।''

मैंने कहा, ''विरोधी दलों के इस अभियान में कम्युनिस्ट पार्टी भी शामिल होगी?''

सुनकर आगजी उठ खड़े हुए और ऊदबत्ती जला दी। कहने लगे, ''कमरा गन्दा हो गया। उसे शुद्ध हो जाने दो। क्या नाम ले दिया आपने? कम्युनिस्ट! कम्युनिस्ट हमारे साथ क्यों होंगे?''

''वह भी विरोधी दल है न!'' मैंने कहा।

वे बोले, ''कम्युनिस्ट विरोधी दल नहीं है। वह विरोधी नहीं होता। वह कम्युनिस्ट होता है। हर हालत में वह कम्युनिस्ट होता है। वह भिलाई किसी प्राइवेट कम्पनी को देने देगा?''

आगजी ने भारत के राजनीतिक भविष्य का नक्शा मेरे सामने खोलकर रख दिया था। मुझे उनके और उनकी पार्टी के बारे में थोड़ी जानकारी और चाहिए थी। मैंने पूछा, ''आगजी, आपने कांग्रेस क्यों छोड़ी?''

वे बोले, ''सैद्धान्तिक मतभेद के कारण। मैं सिद्धान्त का पक्का आदमी हूँ। सिद्धान्त को त्यागकर मैं किसी दल में नहीं रह सकता।''

मैंने कहा, ''सैद्धान्तिक मतभेद को जरा और स्पष्ट करके समझाइए।''

उन्होंने बताया, ''सन् 1952 की बात है। पहला आम चुनाव होनेवाला था। उस समय कांग्रेस का टिकट मुझे न देकर मेरे प्रतिस्पर्धी मोहनलाल को दे दिया गया। बस, मेरा सैद्धान्तिक मतभेद हो गया और मैंने कांग्रेस छोड़ दी। सिद्धान्त का पक्का हूँ मैं। तभी समाजवाद के नेताओं ने कहा कि हम 1952 में सरकार बनाएँगे, जिसे आना हो आ जाओ। मैं उनकी पार्टी में चला गया। भई, जो सरकार बनानेवाला हो, उसके साथ रहना चाहिए। इसके बाद का दुर्भाग्य आपको मालूम ही है।''

मैंने अब कार्य और नीति पर चर्चा शुरू की। कहा, ''आगजी, आपका कोई कार्यक्रम है? किन नीतियों पर आप चलते हैं?''

आगजी ने फरमाया, ''हम विरोधी दल हैं। हमारी नीति है—स्वस्थ विरोध करना। आप जानते ही हैं कि प्रजातंत्र में स्वस्थ विरोध की बड़ी आवश्यकता है।''

मैंने पूछा, ''स्वस्थ विरोध का क्या अर्थ है? और अस्वस्थ विरोध कैसा होता है?''

आगजी ने समझाया, ''इसका भी नियम है। जिस पार्टी के नेता कमजोर और बीमार रहते हैं, उस पार्टी का विरोध स्वस्थ विरोध कहलाता है। हमारे नेता थे दादा कृपलानी, जो कमजोर हैं। अशोक भाई का स्वास्थ्य भी ठीक नहीं रहता इसलिए हमारी पार्टी का विरोध स्वस्थ है। उधर देखिए...जनसंघ में सब संडे-मुस्टंडे भरे हैं, लोहिया भी गबरू जवान है, इसलिए इन पार्टियों का विरोध अस्वस्थ विरोध है। स्वस्थ विरोध का एक और लक्षण यह है कि वह हर मुद्दे पर और हर स्थिति में होता है।''

''जैसे?'' मैंने उकसाया।

वे बोलते गए, ''जैसे यही कि कांग्रेस ने समाजवाद अपना लिया, तब भी हम खुद समाजवादी होकर उसके समाजवाद का विरोध करेंगे। हम स्वस्थ विरोधी दल हैं न? चीनी हमले के पहले हमने बजट में सैनिक खर्च का विरोध किया। फिर इस बात पर विरोध किया कि तैयारी क्यों नहीं की। और अब सरकार तैयारी के लिए पैसा वसूल करती है, तो हम उसका भी विरोध करते हैं। सरकार मैकमोहन रेखा को भारत की सीमा मानती है, तो हम आगे बढ़कर तिब्बत तक मानते हैं। कल अगर सरकार तिब्बत तक सीमा मानने लगे, तो हम मैकमोहन रेखा तक आ जाएँगे।''

मैंने कहा, ''यह स्वस्थ विरोध कब तक होगा?''

वे तपाक से बोले, ''आज ही खत्म हो सकता है। कांग्रेस सन् '67 के चुनाव के लिए मोहनलाल के बदले हमें टिकट दे दे। हम विरोध समाप्त कर देंगे। हमें पागल कुत्ते ने थोड़े काटा है! आप जरा उन लोगों से हमारे बारे में बात कीजिए न।''

मैंने आखिरी प्रश्न किया, ''लोहिया समाजवादी पार्टी और आपकी पार्टी में किस बात पर मतभेद है? दोनों पाटियाँ एक क्यों नहीं हो रही हैं?''

आगजी ने कहा, ''भैया, सो तो लोहिया और अशोक भाई जानें! हमने तो यही सुना है कि डॉक्टर साहब को दाढ़ी पसन्द नहीं है और अशोक भाई को नाटापन पसन्द नहीं है, सो एक ने कहा—दाढ़ी मुड़ाओ, तो दूसरे ने कहा—कद बढ़ाओ। न ये दाढ़ी मुड़ाने को तैयार, न वे ऊँचे होने को। बस, मतभेद हो गया। हमारा कहना यह है कि कद बढ़ाना तो बहुत मुश्किल है, मगर दाढ़ी तो मुड़ाई जा सकती है। अशोक भाई को बात मान लेनी थी।''

मैं अब उठने को हुआ। मैंने कहा, ''आगजी, आपके विचार जानकर बहुत खुशी हुई। मुझे विश्वास है कि संयुक्त विरोध को लेकर आप जल्दी ही भारत पर कब्जा कर लेंगे।''

आगजी ने कहा, ''यार, कर तो लें हम कब्जा आज। पर हमारे पास नेता नहीं है। कोई अच्छा-सा तुम्हारी नजर में हो तो बताना। जयप्रकाश बाबू तो धोखा दे गए भैया।'' उन्होंने जयप्रकाश नारायण की तस्वीर की तरफ देखा और कहा, ''साथी, हमने तुम्हारा क्या बिगाड़ा था?''

आगजी रुआँसे हो गए। कहने लगे, ''बन्धु, मेरा विलाप करने का जी हो रहा है। अगर तुम बाहर बात न फैलाओ, तो कर लूँ।''

मेरा हृदय फटा जा रहा था। मैं उस दुख को दुबारा नहीं देख सकता था। मैंने कहा, ''आगजी, मुझे कोई एतराज नहीं है। मैं अब चलता हूँ। आप बेखटके विलाप करें।''

और मैं बाहर आ गया।

लोहियावादी समाजवादी

पिछले विधानसभा अधिवेशन में अध्यक्ष ने समाजवादी विधायक क्रान्तिनादजी को पुलिस के द्वारा उठवाकर सदन से बाहर करवाया था। उसी रात क्रान्तिनादजी विधानसभा भवन की खिड़की तोड़कर घुस गए थे और अध्यक्ष की कुर्सी पर रात-भर बैठे रहे थे। तभी से उनसे मिलने की मेरी तीव्र इच्छा थी।

उस दिन अचानक मैं उनके घर पहुँच गया। वे तख्त पर बैठे हुए कुछ हिसाब जोड़ रहे थे—'तीन और चार सात-सात-सात-सात और पाँच बारह-बारह के दो हाथ का लगा एक...'

उन्होंने सिर उठाया। मैंने नमस्कार किया। उन्होंने जवाब नहीं दिया।

वे मुझे घूरते रहे। फिर पूछ बैठे, "कौन-से आसमान से टपके हो?"

मैं तो इस सवाल से अचकचा उठा। 'कौन-से आसमान से टपके हो?' किसी

से इस तरह भी बातचीत शुरू की जाती है!

मुझे चुप देख उन्होंने फिर सवाल मारा, "क्या और जगह झख मारने नहीं जा सकते थे?"

मैंने अब मुँह खोला, "क्रान्तिनादजी, मैं तो यों ही आपसे कुछ चर्चा करने चला आया था। पर आप जिस तरह की भाषा का प्रयोग कर रहे हैं और जैसा व्यवहार कर रहे हैं, उससे मालूम होता है कि आप बहुत अशिष्ट हैं।"

इस पर वे हँस पड़े। कहने लगे, "बुरा मत मानिए। इस तरह की भाषा का प्रयोग करना हममें से हर एक को सीखना पड़ता है। पार्टी ने कई स्कूल खोल रखे हैं, जहाँ अटपटी बात बोलना और अशिष्ट भाषा का प्रयोग करना सिखाया जाता है। इससे पार्टी-सदस्य का व्यक्तित्व बनता है और उसकी जबान से सब डरते हैं। एक मोर्चा तो हम इसी से फतह कर लेते हैं।"

मैं कुछ आश्वस्त हुआ। मैंने पूछा, "आप क्या हिसाब जोड़ रहे थे।"

वे बोले, "मैं इस राज्य के शिक्षा-मंत्री के खर्च का हिसाब जोड़ रहा हूँ।"

मैंने पूछा, "इसकी क्या आपको तनख्वाह मिलती है?"

क्रान्तिनादजी कहने लगे, "नहीं भाई, यह तो हमारी पार्टी का प्रोग्राम है। हमने तय कर लिया है कि जिसे जो बनना है, वह उसके दैनिक खर्च का हिसाब जोड़े। लोहियाजी को प्रधानमंत्री बनना है, तो उन्होंने वर्तमान प्रधानमंत्री के दैनिक खर्च का हिसाब जोड़ लिया है। मुझे शिक्षा-मंत्री बनना है, सो मैं वर्तमान शिक्षा-मंत्री का हिसाब जोड़ रहा हूँ। हमारी पार्टी का हर नेता किसी-न-किसी का हिसाब जोड़ रहा है। जिस दिन सब हिसाब बन जाएँगे, उस दिन हम सरकार पर कब्जा कर लेंगे।"

मैंने पूछा, "यह कैसे सम्भव होगा?"

वे बोले, "क्रान्ति का यही सबसे ताजा तरीका है। इसे हिसाब की क्रान्ति कहते हैं। भारत में पहली बार हम इसका प्रयोग कर रहे हैं। जिस दिन हम सफल हो जाएँगे, उस दिन दुनिया मार्क्स, लेनिन और गांधी का रास्ता छोड़ देगी। फिर तो दुनिया में बिना संघर्ष के, सिर्फ हिसाब जोड़ने से क्रान्ति होगी। बिना चुनाव के सरकारें बदलेंगी। जिस दिन विल्सन ने मैकमिलन के दैनिक खर्च का हिसाब जोड़कर ठीक-ठीक बताया कि मैकमिलन गद्दी छोड़ देंगे।"

मैंने और खुलासा करने की गरज से पूछा, "भारत में कब तक ऐसी क्रान्ति आप लोग कर देंगे?"

वे बोले, "बस, कुछ महीने की देर है। सब मंत्रियों के हिसाब बनकर लगभग तैयार हैं। हम उनके पोस्टर बना रहे हैं। एक दिन हम देश के तमाम सचिवालयों के सामने जाकर पोस्टर लगाएँगे और लाउडस्पीकर से चिल्लाएँगे।

बस, उसी वक्त मंत्रिमंडल इस्तीफा दे देंगे।''

सहसा वे उचककर टेबल पर चढ़ गए और वहाँ से धम्म से कूद पड़े। फिर वे टेबल के नीचे लेटकर बकरे की बोली बोलने लगे। वहाँ से निकलकर फर्श पर कूदते हुए तरह-तरह की आवाजें करने लगे। यह कार्यक्रम लगभग पाँच मिनट चलता रहा।

जब वे स्थिर हुए, तब मैंने कहा, ''क्रान्तिनादजी, आप किसी अच्छे डॉक्टर से जाँच कराइए न!''

वे बोले, ''कैसी जाँच! मैं क्या बीमार हूँ?''

मैंने कहा, ''फिर आप अभी यह सब क्या कर रहे थे? आपकी तबीयत ठीक नहीं है। आपको दौरा आता है। कुछ मिरगी या पाग...''

वे हँसे। कहने लगे, ''आप भी गजब करते हैं। अरे, मैं तो संसदीय व्यवहार का अभ्यास कर रहा था। यह भी पार्टी-स्कूल में सिखाया जाता है। संसद और विधानसभाओं में हमें ऐसा करना पड़ता है न! इसलिए मैं किसी के सामने रोज इसका अभ्यास करता हूँ।''

मैंने कमरे में चारों तरफ नजर घुमाई। दीवारों पर डॉ. लोहिया की तस्वीरें मढ़ी हुई थीं। एक बड़ी तस्वीर के एक कोने में एक छोटी-सी अशोक मेहता की तस्वीर भी चिपकी थी। सामने की दीवार पर पं. नेहरू का एक बड़ा चित्र उलटा टँगा था। मैं बड़ी देर तक सोचता रहा कि यह भूल है या किसी ऐसे 'फिट' में यह तस्वीर टाँगी गई है, जैसा अभी आया था। 'फिट' में उलटी तस्वीर टाँग भी दी गई हो तो फिट तो हमेशा रहता नहीं है। या तो यह तस्वीर किसी प्रयोजन से उलटी टाँगी गई है या इन पर स्थाई फिट रहता है। यों दोनों चीजें एक ही हैं।

मैंने पूछा, ''नादजी, नेहरूजी की फोटो उलटी क्यों टँगी है?''

वे बोले, ''टँगी नहीं है, टाँगी गई है। और यह उलटी नहीं है, सीधी ही है। आपका उसे देखने का ढंग गलत है। उसे यों देखा जाता है।''

वे तस्वीर के सामने शीर्षासन की स्थिति में आ गए। कहने लगे, ''यों देखना चाहिए। जवाहरलाल को हम लोग शीर्षासन करके देखते हैं। सीधी स्थिति में उस आदमी को देखा ही नहीं जा सकता। आइए, आप भी देखिए। शीर्षासन से देखिए, तब यह आदमी आपकी समझ में आएगा।''

मुझे शीर्षासन करना नहीं आता। नादजी ने कहा भी कि डरो मत, मैं टाँग पकड़ लूँगा। पर अपनी टाँगें उन्हें सौंपना मुझे खतरे से खाली नहीं लगा।

फिर कुछ अन्य राजनीतिक दलों और उनके नेताओं के बारे में चर्चा हुई। क्रान्तिनादजी ने बहुत संक्षेप में उनका विश्लेषण करके अपना मत जाहिर किया, जैसे—लुच्चा है! बदमाश है! सब चोर हैं! हरामजादा है! बेवकूफ है!

मैंने अब सिद्धान्त और कार्यक्रम पर चर्चा की। कहा, ''नादजी, अब मैं

आपसे कुछ सिद्धान्तों और नीतियों के सम्बन्ध में बात करना चाहता हूँ।''

उन्होंने कहा, ''सिद्धान्त तो समाजवाद ही है।''

मैंने कहा, ''पर समाजवाद तो कांग्रेस का भी है और प्रजा समाजवादियों का भी।''

जवाब मिला, ''तीनों में बड़ा अन्तर है, क्योंकि नेहरू, अशोक मेहता और लोहिया में अन्तर है। और सही पूछो तो हर रोज सबेरे अखबार में पढ़ लेते हैं कि कल लेहियाजी ने क्या कहा। उसके मुताबिक दिन-भर काम करते हैं। इस तरह रोज एक कदम आगे बढ़ते हैं। ऐसा न करें तो उलझन में पड़ जाएँ। कई बार पड़े हैं। चीनी हमले के बाद सबकी तरह हम भी कम्युस्टिों को 'गद्दार' कह रहे थे कि एक दिन लोहियाजी ने वक्तव्य दे दिया कि समाजवादी दल का समझौता साम्यवादी दल से होगा—मगर वह चीन-समर्थक दल से होगा! बतलाइए भला! है न उलझन में डालनेवाली बात! इसलिए हम पहले से कोई लाइन बनाकर नहीं रखते।''

मैंने कहा, ''फिर भी समाजवादी क्रान्ति के लिए कोई कार्यक्रम तो आपका होगा ही। कोई संगठित अभियान की योजना होगी।''

उन्होंने कहा, ''हाँ, है। एक बात तो यह समझ लीजिए कि मजबूत संगठन बनाना और आन्दोलन करना, क्रान्ति को टालना है। यह तरीका भी पुराना है। नया तरीका एक तो हिसाब का मैंने अभी बताया। दूसरा यह कि अगर हर भारतवासी के हाथ में तलवार दे दी जाए और कह दिया जाए कि जो मिले उसी को मारो, तो एक दिन में समाजवादी क्रान्ति हो जाए। तीसरा तरीका यह है कि संसद में ऐसा हुल्लड़ करो कि मंत्रिमंडल भाग खड़ा हो और हम सरकार पर कब्जा कर लें। इसी तरह विधानसभाओं में करें। हम तीनों तरीकों से काम कर रहे हैं। और आप देख ही रहे हैं कि 'क्रान्ति कोने पर है' यानी 'राउंड द कॉर्नर' है—अगर आप अंग्रेजी मुहावरे में ही समझना चाहते हैं।''

न जाने कैसे मेरे से अशोक मेहता का नाम निकल गया। वे गुस्से से उठे और मेहता की तस्वीर को घूँसा दिखाने लगे।

फिर वे नेहरू के चित्र के सामने शीर्षासन करने लगे।

मैं उन्हें इसी स्थिति में छोड़कर बाहर आ गया।

प्रेम-प्रसंग में फादर

'नई कहानियाँ' के प्रेम-कथा विशेषांक में छपी प्रेम-कहानियाँ और प्रेम पर परिचर्चा मैंने भी बड़ी सावधानी से पढ़ी। मेरा विचार है कि प्रेम-प्रसंग के कई महत्त्वपूर्ण पक्ष लेखकों और विचारकों की दृष्टि में नहीं आए। कई मुद्दे तो ऐसे हैं कि उन पर चर्चा नहीं, शोध होना चाहिए। मैं कुछ खास चीजों की तरफ आपका ध्यान आकर्षित करना चाहता हूँ।

यह विचारणीय है कि जिन तरुणियों को चरित्र-रक्षा के लिए माता-पिता नौकरानी के साथ कॉलेज भेजते हैं, उनके प्रेम-कांड अकेली जानेवालियों से अधिक क्यों होते हैं।

प्रेम जोड़ने में लोग कर्म विभाग और इम्प्रूवमेन्ट ट्रस्ट के योगदान का अध्ययन होना भी जरूरी है। सड़कें जहाँ से जाती हैं, वहाँ से न जातीं; तो कितने वर्तमान

प्रेम-सम्बन्ध कहीं और जुड़ते? जिस प्रेम को आत्मा का सम्बन्ध कहते हैं, वह किस हद तक सड़क का संयोग है? वह सड़क रंजना के बँगले के सामने से न जाती, या राकेश का मकान उसके छोर पर न होता, तो दोनों की आत्माएँ 'जनम-जनम का सम्बन्ध' कहाँ जोड़तीं?

प्रेम-प्रसंग में चिट्ठी भेजने के तरीकों पर भी विचार होना चाहिए। चिट्ठी भेजने के कुछ क्लासिकल तरीके हैं, जैसे छोटे भाई-बहन को चॉकलेट खिलाना या माँगकर चिट्ठीमय पुस्तक पढ़ने की आदत डालना, जिससे बच्चे कहें कि दीदी को पढ़ने का बड़ा शौक है।

यह भी विचारणीय है कि लड़कों को पढ़ाने के लिए माता-पिता रिटायर्ड शिक्षक क्यों खोजते हैं? इससे स्त्री-शिक्षा के स्तर पर क्या प्रभाव पड़ता है? साथ ही नवयुवक शिक्षकों के 'फ्रस्ट्रेशन' विफल आशा के लिए माता-पिता की यह प्रवृत्ति कहाँ तक उत्तरदायी है?

प्रेम-साहित्य पर भी नई दृष्टि से विचार होना चाहिए। शायर ने कहा—'मेरे महबूब कहीं और मिला कर मुझसे!'—तो ऐसा क्यों कहा? वहाँ क्या पकड़े जाने का डर था? या प्रेमिका के पिता ने, उनके पड़ोसी ने अथवा दफ्तर में उनके साथ काम करनेवाले ने दोनों को देख लिया था? इसी तरह जब रीतिकाल के कवि ने कहा—''तुम कौन-सी पाटी पढ़े हो लला, मन लेहू पै देहु छटाँक नहीं'!—तो शोध होना चाहिए कि उस जमाने में ऐसे स्कूल कहाँ-कहाँ थे, जिनमें प्रेमियों के 'मन' लेने मगर छटाँक भी न देने की शिक्षा मिलती थी? इन स्कूलों को सरकार से ग्रांट मिलती थी या नहीं?

प्रेम-प्रसंग में सबसे महत्त्वपूर्ण और विचारणीय विषय 'फादर' है—प्रेमिका के पिता को प्रेम की भाषा में 'फादर' कहते हैं।

'फादर' का महत्त्व घोषित करनेवाले ये उद्गार किसने नहीं सुने :

—मैं क्या करूँ, फादर ने नहीं आने दिया।

—उस दिन फादर को शक हो गया था।

—फादर शाम को अक्सर घर में रहते हैं।

—फादर को कैसे समझाऊँगी कि इतनी देर क्यों हुई?

—अरे बाप रे, फादर सुनेंगे तो मार ही डालेंगे।

—उसने कहीं फादर को बता दिया तो?

—तुम्हीं न एक दिन फादर से बात कर लो।

इस पर शोध होना चाहिए कि 'फादर' की परम्परा कहाँ से शुरू हुई? प्रागैतिहासिक 'फादर' कैसे होते थे? क्लासिकल 'फादर' के क्या लक्षण हैं? मध्य फादर कैसा होता है और आधुनिक फादर की क्या विशेषता है? रिटायर्ड और

गैर-रिटायर्ड फादर में क्या भेद है? फादर की सामान्य प्रकृति कैसी होती है? वे प्रेम के प्रति सामान्यतः क्या प्रतिक्रिया करते हैं? फादर को किस तरह प्रसन्न किया जाता है? उससे बचने, उसे टालने और उसे धोखा देने के क्या तरीके हैं? फादर में कौन-से सुधार अपेक्षित हैं? ये सब प्रश्न लेखक और विचारक की दृष्टि की माँग करते हैं।

मेरे एक मित्र ने 'फादर' का काफी अध्ययन किया है। उसका निष्कर्ष है कि ईश्वर की मंशा थी कि 'फादर' नाम का अस्तित्व जो प्रेम में अक्सर बाधक होता है, हो ही नहीं। इसलिए उसने ईव का निर्माण आदम की पसली से किया। ईव का कोई 'फादर' नहीं था। परमपिता जरूर था, पर उसकी गिनती फादर में नहीं होती। इसीलिए जब आदम ने उससे कहा कि फल खा लो, तो उसने चट खा लिया। अगर ईव का फादर होता, तो वह, कहती, 'नहीं-नहीं, कहीं फादर को मालूम हो गया तो हमारी बड़ी आफत होगी।' ईश्वर ने जब आदम और ईव को निषिद्ध फल खाने के जुर्म में स्वर्ग से निकाला था, तब ईव के बहाने समस्त स्त्री-जाति को शाप दे दिया था। मेरे दोस्त की शोध है कि एक शाप-वाक्य बाइबिल में न जाने क्यों नहीं लिखा गया। वह था—'ओ अधम, आगे तेरी जाति का फादर हुआ करेगा जिससे तू हर कदम पर आशंकित रहेगी।'

पुराने जमाने में बड़े हठी फादर होते थे। वे तभी नरम पड़ते थे, जब इनका कोई स्वार्थ पड़ा होता। शीरीं के फादर की फरहाद के फादर से अनबन थी, तो वह हठी के साथ स्वार्थी और अव्यावहारिक भी था। उसने फरहाद से कहा कि तू पहाड़ खोदकर नहर बना दे। यह शर्त तो वैसी ही ऊटपटाँग है जैसी यह कि भाखड़ा बाँध बना दे, तो लड़की से शादी कर दूँगा या यह कि मैं उसी से लड़की की शादी करूँगा, जो चम्बल हाइड्रोइलेक्ट्रिक योजना को पूरी कर देगा। प्रेमियों को भारत सरकार का आभार मानना चाहिए कि बिजली और सिंचाई की योजनाएँ उसने अपने हाथ में ले ली हैं। वरना कोई फादर किसी प्रेमी से कहता कि तुंगभद्रा से नहर निकालो, तो बेचारा प्रेमी क्या करता?

मेरे दोस्त का विचार है कि 'फादर' आजकल मुख्यतः दो तरह के होते हैं—रिटायर्ड फादर और गैर-रिटायर्ड फादर। दोनों में बड़ा फर्क है। गैर-रिटायर्ड फादर सुबह से शाम तक काम पर रहता है, उसके पास समय नहीं होता। वह घर के मामलों में स्त्री के माध्यम से जानकारी हासिल करता है। इसके विपरीत रिटायर्ड फादर के पास समय ही समय है और वह घर के मामलों में इतनी सीधी दिलचस्पी लेता है कि शाम तक घड़ी देखकर कहता है—बड़ी देर हो गई, अभी तक मुन्नी कॉलेज से नहीं आई? इतवार को मुन्नी यह कहकर नहीं जा सकती कि—'एक्स्ट्रा क्लास' है। रिटायर्ड फादर एक्स्ट्रा क्लास की भी जानकारी रखता है। वह

यह भी समझता है कि एक लड़का सामने के घर में अपने दोस्त को पुकारकर फिर हमारे घर की तरफ क्यों देखता है! इधर तो उसका दोस्त नहीं रहता। फिर पुकारता वहाँ और देखता यहाँ क्यों है?

रिटायर्ड फादर से निभाना तलवार की धार पर चलना है। गैर-रिटायर्ड फादर 'पार्ट-टाइम' फादर होता है, जबकि रिटायर्ड फादर 'फुल टाइम' फादर। गैर-रिटायर्ड फादर के पास बात करने को वक्त नहीं होता, मगर रिटायर्ड फादर को बात करनेवालों का टोटा पड़ जाता है। प्रेमी, फादर को प्रसन्न रखने की हर कोशिश करता है और उसके लिए जो कष्ट भुगतने पड़ते हैं, वे अवर्णनीय हैं। वह कल्पना में प्रेमिका का सुन्दर मुख लेकर जाता है, मगर फाटक पर ही उसे फादर मिल जाते हैं। उसका दिल रोता है, उसे गुस्सा भी आता है, पर वह अत्यन्त विनय से मुस्कराकर इस तरह मिलता है, जैसे वह उनकी लड़की से नहीं उनसे ही प्रेम करता है। फादर उसे बिठाकर संस्मरण सुनाने लगते हैं। उसे ऊब को दिलचस्पी करके दिखाना पड़ता है। प्रेम में वह उसी अनुपात तक सफल होता है, जिस अनुपात तक वह फादर से 'बोर' होने की क्षमता रखता है। कितने प्रेम इस कारण असफल हो जाते हैं कि प्रेमी फादर को 'स्टैंड' नहीं कर सका। कितनी अच्छी-अच्छी तरुणियाँ इसलिए अच्छे प्रेमी प्राप्त नहीं कर पातीं कि 'फादर' की छाया से अच्छे नौजवान बचते हैं। बेचारी!

प्रेमी को फादर के लिए बड़े पापड़ बेलने पड़ते हैं। एक दिन मेरा एक मित्र, जो दर्शन-शास्त्र का अध्यापक है, 'इंडियन पेनल कोड'—'भारतीय दंड संहिता' पढ़ रहा था। मैंने पूछा—तू यह क्यों पढ़ रहा है? उसने कहा—फादर पुलिस अफसर थे न! वे पुराने अपराधों की बातें करते रहते हैं। कहते हैं, 'मैंने उसका दफा 302 में चालान कर दिया। 307 उस पर पहले चल चुका था। एक बार दफा 500 की भी उस पर नालिश हुई थी।' मुझे यह सब कुछ नहीं मालूम। सोचता हूँ थोड़ा पढ़ डालू। मैंने उस फादर को नमन किया, जिसने दर्शन-शास्त्र के अध्यापक से 'इंडियन पेनल कोड' रटवा दिया।

मेरे इस दर्शन-शास्त्री प्रेम का अनुभव है कि फादर को खुश करते हुए सावधानी से काम लेना चाहिए, ताकि वही तुमसे प्रेम करने लगे और पूरा समय बिठाए रखे।

उसने 'पेनल कोड' रट ली, फादर को खुश कर लिया, पर प्रेम में वह असफल हो गया।

बड़ी दर्दनाक कहानी है उसकी। उसी के शब्दों में सुनाता हूँ—

"मैंने फादर की कोई बात नहीं टाली। वे जो भी कहते, उसमें मैं 'हाँ' कहता। कभी उनकी बात का प्रतिवाद नहीं किया और न कभी बहस की। फादर मुझे लड़के की तरह मानने लगे थे।

"वे बेहद अंग्रेज-भक्त हैं। मैं उनके पास बैठता तो वे कहते, 'शासन तो अंग्रेज करते थे। ये जो धोतीवाले राज कर रहे हैं, इन्हें तो कुछ आता-जाता नहीं। मैं कहता हूँ, अंग्रेज ठीक कहते थे कि हम लोग स्वराज के लायक नहीं हैं। आज अंग्रेज होते तो ऐसी धाँधली नहीं चल सकती थी। मगर इन कांग्रेसवालों ने हुल्लड़ करके उन्हें भगा दिया। अंग्रेज एक सुसंस्कृत कौम है। उन्हें हुल्लड़ पसन्द नहीं आई और वे चले गए।'

"मेरे मन में इन बातों के प्रति विरोध तो उठता, पर इस डर से कि फादर नाराज न हों, मैं समर्थन करता जाता।

"वे राष्ट्रीय आन्दोलन के दमन में अपने कार्य का भी वीरता से बखान करते। कहते, 'मैं अमुक जगह था, कांग्रेसवालों ने जुलूस निकाला। क्या जानें कि मैं वहाँ हूँ। मैंने फायरिंग करा दी। दो-चार गिरे। बाकी को मैंने जेल में ठूँस दिया कि ले लो स्वराज! हंटर साहब बहुत खुश हुए। मैंने डरते-डरते कहा कि साहब मजिस्ट्रेट के हुक्म के बिना मैंने गोली चलवा दी थी। तो हंटर साहब बोलते हैं—ओ, उसका फिकर मत करो। वो मजिस्ट्रेट को हम ठीक कर लेगा।—ऐसा रोब था मेरा। ये धोतीवाले स्वराजी तो मेरे नाम से काँपते थे।'

"मेरे मन में विद्रोह उठता। जी होता कि फादर को उठाकर जमीन पर दमच दूँ। पर यह सोचकर कि वे बुरा न मान जाएँ, मैं हाँ-हाँ करता जाता। अपनी तरफ से मैं भी कह देता था कि अंग्रेज अच्छे थे और स्वराज्य आना अच्छा नहीं हुआ।

"जब पक्का विश्वास हो गया कि फादर मुझे चाहते हैं, तब मैंने एक दिन लड़की से 'प्रपोज' कर दिया।

"उसने मुझे तिरस्कार से देखा और कहा, 'तुम जैसे राष्ट्रद्रोही और गुलाम मनोवृत्ति के आदमी पर तो मैं थूकूँगी भी नहीं। फादर से जो तुम्हारी बातें होती हैं, वे मैंने सुन ली हैं।'

"मुझे पसीना आ गया। सँभलकर मैंने उसे समझाने की कोशिश की, 'देखो, मैं वैसा नहीं हूँ, जैसा तुम सोचती हो। मैं फादर का मन रखने के लिए वैसा कह देता था। जरा सोचो कि मैंने तुम्हारे लिए ही तो ऐसा किया।'

"उसने जवाब दिया, 'मेरे लिए?...हाँ, ठीक है। मुझसे अच्छी लड़की के लिए तो तुम देश के साथ गद्दारी भी कर सकोगे। तुम्हारा क्या भरोसा!'

वह दर्शन-शास्त्री प्रेम फादर को खुश करने के फेर में प्रेमिका को ही खो बैठा। मुझसे कह रहा था, "मुझे क्या मालूम कि स्त्रियों में भी देश-भक्ति होती है!"

फादर का मामला बड़ा जटिल है। इसीलिए चाहता हूँ कि 'प्रेम-प्रसंग में फादर : एक अध्ययन' जैसा कोई शोध-प्रबन्ध निकल जाए, तो सभी को सुभीता हो जाए—प्रेमी को, प्रेमिका को और फादर को भी।

सोने का साँप

अखबार तो मैं भी पढ़ता हूँ। लापरवाही के कारण कतरनें नहीं सहेजता। आँकड़े भूल जाता हूँ, पर खबर एक अरसे तक मन में गूँजती रहती है। जैसे—यह याद नहीं है कि इस वर्ष कितनी रेल-दुर्घटनाएँ हुईं, पर यह जानता हूँ कि चाहे दो स्टेशन ही जाना हो बिना दुर्घटना के पहुँच नहीं सकता। और यह तो मैं कई जन्म नहीं भूल सकता कि बीसवीं शताब्दी के 61वें वर्ष में भारत के रेलवे बोर्ड के चेयरमैन ने रेल-दुर्घटनाओं के कारण पर प्रकाश डालते हुए कहा था कि मेरी किस्मत ही खराब है। एक अफसर की किस्मत खराब होने से कितने लोगों की जानें हर साल जाती हैं!

एक खबर और कई दिनों से गूँज रही है। वित्तमंत्री मुरारजी भाई ने कहा कि भारत में 40 सौ (या 140 सौ ?) करोड़ रुपयों की कीमत का सोना दबा पड़ा है।

यह निकल आए तो देश खुशहाल हो जाए। अक्सर मैं इस बात पर सोचने लगता हूँ कि न अपना सोना दबा है, न निकलेगा। जिनका दबा है, उनका निकलेगा।

पर निकलेगा कैसे?

मेरी कल्पना में दो चित्र उभरते हैं—

1. बूढ़ी दादी बेटा मुन्ना को खिला रही है। वह कहती है, ''मुन्ना, तुम्हारी जेब में चॉकलेट है। हम ले लेंगे!''
   मुन्ना कुछ लजाकर, कुछ घबराकर झट जेब से चॉकलेट निकालकर खा लेता है। फिर ताली बजाकर, अँगूठा दिखाते हुए कहता है, ''ले, ले ले चॉकलेट!'' दोनों खिलखिला पड़ते हैं।
2. दादी सरकार सोनेवाले बच्चों से कहती है, ''तुम्हारे पास बहुत सोना दबा है, मालूम है। हम ले लेंगे।'' तब...

यह अधूरा रह जाता है और बीच में कई चित्र उभरते हैं—

सरकार अपने जमींदार बच्चों से कहती है, ''देखो, तुम्हारे पास जमींदारी है। हमने तुम्हारी जमींदारी छीनने के लिए कानून बना लिया है। एक साल बाद यह लागू होगा और तुम्हारी जमींदारी छिन जाएगी।'' इस एक साल में जमींदारों ने जंगल काटकर बेच डाले, जमीन बेचकर सोना बना लिया और परती जमीन भूदान में देकर दीनबन्धु भी बन गए। साल-भर बाद सरकार ने जमींदारी माँगी, तो जमींदार ने ताली बजा, अँगूठा दिखाते हुए कहा, ''ले, ले ले!'' और दोनों खिल-खिलाकर हँस पड़े।

फिर सरकार ने कहा, ''बड़े-बड़े भूमिपतियो, हमें मालूम है, तुम्हारे पास हजारों एकड़ जमीन है। हम भूमि की सीमा निर्धारित (सीलिंग) कर रहे हैं। साल-भर बाद 50 एकड़ से अधिक जमीन किसी के पास नहीं रहेगी।'' हजार एकड़ वाले ने बहुत-सी जमीन बेच ली, बाकी अपने भाई-भतीजे, बेटा, बेटी, स्त्री के नाम कर दी। साल-भर बाद सरकार ने कहा, ''ले, ले ले!'' दोनों खिलखिलाकर हँस पड़े।

सरकार ने कहा, ''हमें मालूम है, तुम नकली दवा बना और बेच रहे हो। हम पकड़ पाएँगे, तो बहुत कड़ी सजा देंगे।'' इसके बाद सरकार ने दो महीने का समय दे दिया। सबको नकली दवा बेचने का बराबर मौका मिल गया। देश-भर की जनता को नकली दवा का बराबर फायदा मिला। किसी के प्रति अन्याय नहीं हुआ। बंगाल की नकली दवा का लाभ जब महाराष्ट्र की जनता को मिला, तो राष्ट्रीय एकीकरण में मदद पहुँची! तब सरकार ने नकली दवा बनाने और बेचनेवालों को गिरफ्तार करना शुरू कर दिया। जो बेवकूफ थे, वे कुछ पकड़ गए और जो होशियार थे, उन्होंने ताली बजाकर, अँगूठे दिखाते हुए कहा, ''ले, ले ले!'' फिर वे और सरकार दोनों खिलखिलाकर हँसने लगे।

जो कायर होता है, वह धोखे से छिपकर हमला करता था। बहादुर ऐलान करके, दुश्मन को सावधान करके जाता है। सरकार बहादुर है, वह धोखे से किसी को नहीं पकड़ती। रात के सन्नाटे में पुलिस की सीटी सुनता हूँ, तो समझ जाता हूँ कि सरकार कह रही है—चोरो, अब हम आ रहे हैं। चोरी कर ली हो तो जल्दी भागो। हम अगर पकड़ लेंगे, तो जेल में डाल देंगे।—चोर कायर होता है। वह भाग जाता है और मैं सुनता हूँ कि सरकार दूसरी सड़क पर बहादुरी से सीटी बजाती चली जा रही है।

किसी दिन अखबार में पढ़ता हूँ कि सरकार होटलों में गैरकानूनी ढंग से बिकनेवाली शराब को पकड़ने के लिए कटिबद्ध है। फिर एक दिन जीप में बैठकर, बाजे-गाजे के साथ सरकार होटल पर हमला करती है और सोडे की बोतलें लेकर आ जाती है। सरकार व्यापारी को नोटिस देती है कि अगले महीने अमुक तारीख को इनकम टैक्स का हिसाब लेकर हमारे सामने हाजिर हो जाओ। व्यापारी हिसाब ठीक करके ले जाता है। सरकार भी खुश हो जाती है और व्यापारी भी।

एक दिन मंत्रीजी अखबारनवीसों को वक्तव्य देते हैं कि अमुक-अुमक अफसरों के नेतृत्व में हम इतने सिपाही डाकुओं से लड़ने के लिए भेज रहे हैं। डाकू समझते हैं कि सरकार हमसे कम बहादुर नहीं है। उसने पहले ही बता दिया है कि ऐसा होनेवाला है।

अब सरकार ने कह दिया कि हमें मालूम है, तुम्हारे पास सोना है। सोनेवाले समझ गए कि सरकार की बुरी नजर हमारे सोने पर है।

मेरे गाँव में एक बूढ़ा मुझसे कहता था, "भैया, दबे हुए सोने पर सफेद साँप बैठा रहता है। वह उसकी रखवाली करता है।" मुझे कतई शक नहीं कि सोने पर साँप बैठता है और सोने का साँप सफेद होता ही होगा।

एक दिन उस बूढ़े ने मुझसे कहा, "भैया, मेरे पिछवाड़े सोना गड़ा है। रात को मेरे सपने में साँप आया और कहने लगा कि यह सोना तेरा ही है। जिस दिन जरूरत हो निकाल लेना। मैं तेरी तरफ से उसकी रक्षा कर रहा हूँ।"

मैंने सोचा कि साँप शायद गांधीवाद की ट्रस्टीशिप की नीति मानता है, तभी तो बूढ़े का ट्रस्टी बनकर बैठा है।

मैं हर साल छुट्टियों में घर जाता और देखता कि हर साल बूढ़े की हालत बद से बदतर होती जाती है। कर्ज में उसकी जमीन जाने लगी। मैंने कहा, "बाबा, उस सोने को खोदकर जमीन बचा लो न!"

बूढ़े ने कहा, "अरे नहीं, भैया, अभी नहीं। नाग देवता ने सपने में कहा है कि अभी न खोदना।"

ट्रस्टी बूढ़े को टाल रहा था।

उसके लड़के पैसे के अभाव में पढ़ नहीं सके। मैंने कहा, ''बाबा, लड़कों से ढोर क्यों चरवाते हो? सोना खोद लो और इन्हें पढ़ने शहर भेज दो।''

बूढ़े ने कान पर हाथ रखकर कहा, ''नहीं भैया, नाग देवता के हुकुम के बिना मैं कैसे खोद सकता हूँ? और चिन्ता क्या है? सोना कहाँ जाता है?''

बूढ़े के लड़के आवारा हो गए। उसका घर गिरने लगा। मैं उससे बार-बार सोना खोदने के लिए कहता, पर वह जवाब देता कि साँप कहेगा तभी खोदूँगा।

एक दिन मैंने पूछा, ''बाबा, तुम्हें साँप कभी दिन में भी दीखा है?''

उसने कहा, ''हाँ बेटा, वह तो घूमता-फिरता है। बड़ा सुन्दर है, सफेद है, पर सुनहलापन लिये हुए है। उसके कपाल पर तिलक है। वह किसी को नहीं छेड़ता। बच्चे खेलते रहते हैं, पर उसने आज तक किसी को नहीं काटा। धर्मात्मा है।''

ट्रस्टी ने उन पर धार्मिकता और दयालुता का रंग जमा रखा था। अपने भलेपन की दिखावट से उसने बूढ़े को परास्त कर रखा था।

एक दिन मैंने कहा, ''बाबा, तुम उस साँप को मारकर सोना निकाल लो।''

बूढ़ा आसमान से जैसे गिरा। बोला, ''तुम पढ़े-लिखे होकर ऐसी बातें करते हो? अरे, सोने का साँप क्या साधारण है, जो मारा जाएगा? वह तो शेषनाग का अवतार है। अगर उसे चोट पहुँची, तो सोना गायब हो जाएगा।''

ट्रस्टी बूढ़े को चक्कर दे रहा था। बूढ़ा गल रहा था, पर ट्रस्टी के सामने कुछ नहीं कर सकता था।

एक दिन मैंने जब बूढ़े को समझाया तो उसने साँप को हटाने के लिए सँपेरे बुलाए। उसने कहा, ''देखो भैया, उसको दुख मत देना। नाग देवता है। शेषनाग का अवतार है। उसे आराम से पिटारी में रखना और अच्छा दूध पिलाना।''

सँपेरों ने ट्रस्टी के लिए बीन बजाई। मीठे स्वरों से उसे मनाया। ट्रस्टी बिल से बाहर निकला और आसपास देखकर वहाँ से भाग गया। ट्रस्टी दूसरे बिल में घुस गया।

रात को बूढ़े ने बेटों की सहायता से पिछवाड़े की जमीन खोद डाली। सवेरे मैं मिला, तो बूढ़े ने कपाल ठोंककर कहा, ''तकदीर फूट गई। कुछ नहीं मिला। साँप अपने साथ ले गया। मैंने कहा था न कि उसे छेड़ो मत।''

गड़े सोने में बड़ी उलझन है। एक तो उसका रखवाला साँप होता है। फिर वह ट्रस्टी दयालुता, भलाई और धार्मिकता का रूपक धारण किए रहता है। वह मारा नहीं जाता और अगर उसे मीठे स्वरों में फुसलाओ, तो वह भाग जाता है और सोना साथ ले जाता है।

मेरी कल्पना में दूसरे चित्र उभरते हैं—

बिल के पास वित्त-मंत्रीजी खड़े हैं और कह रहे हैं, ''नहीं, ट्रस्टी पवित्र होता है। उसका रोम भी नहीं दुखाना चाहिए। ठहरो, सँपेरे बुलाते हैं। ट्रस्टी मीठे स्वरों से प्रसन्न होकर सोना दे देगा।''

सँपेरे आते हैं। बीन में से स्वर निकालते हैं—नाग देवता, देश के लिए सोना दे दो! पंचवर्षीय योजना के लिए धन दे दो! समाज के लिए दे दो! राष्ट्र के लिए त्याग करो! हे धर्मात्मा, सम्पत्ति का त्याग करो!

ट्रस्टी महोदय बिल से निकलकर, इस मीठे संगीत को सिर हिला-हिलाकर सुनते हैं फिर भागकर दूसरे बिल में घुस जाते हैं। और सँपेरे फिर दूसरे बिल के सामने बीन बजाने लगते हैं।

टेलीफोन

[स्कूल में पढ़नेवाले एक लड़के की नोटबुक में मुझे यह निबन्ध लिखा मिला। यह बड़ों के काम का भी है, इसलिए जैसा-का-तैसा यहाँ दे रहा हूँ। — लेखक]

एक वैज्ञानिक था। उसने देखा कि दुनिया के आधे लोग बाकी आधे लोगों की सूरत से नफरत करते हैं, पर उनसे बात जरूर करना चाहते हैं। उसने सोचा कि कोई ऐसी कल बनानी चाहिए, जिसमें आदमी की सूरत तो न दिखे पर उससे बातचीत हो सके। वह उसी क्षण काम में निरत हो गया। उसका एक शत्रु उसके घर से काफी दूर रहता था। वैज्ञानिक ने एक तार लिया और उसके दोनों सिरों पर एक-एक चोंगा लगा दिया। एक सिरा उसने अपनी प्रयोगशाला में रखा और दूसरा

अपने शत्रु के घर में। उसने वर्षों प्रयोग किया। वह रोज अपने चोंगे में कहता, "तुम बदमाश हो?" उधर से कोई जवाब न आता। एक दिन उसने हमेशा की तरह कहा, "तुम बदमाश हो!" उधर से क्रोध-भरा उत्तर मिला, "तुम भी बदमाश हो!" वैज्ञानिक खुशी से उछल पड़ा। वह अपने पूर्वज आर्कमिदीस की तरह नंगा होकर सड़क पर खुशी से दौड़ना चाहता था, पर वह कपड़े उतार ही रहा था कि उसे खयाल आया, ज़माना बदल गया है और मुझे पुलिस पकड़ लेगी। वैज्ञानिक अनुसन्धान के सबसे महान क्षण में भी पुलिस को नहीं भूलता, यह मानव-स्वतंत्रता के लिए शुभ लक्षण है। इस आविष्कार से मानवी सम्बन्धों में क्रान्ति हो गई है। अब दुश्मन से बोलचाल बन्द करने की आवश्यकता नहीं रह गई। उसकी सूरत बिना देखे उससे बात की जा सकती है। यह वैज्ञानिक उतना ही महान हुआ, जितना वह विचारक, जिसने यह सूत्र बताया था कि किसी से बोलचाल बन्द हो, तो उससे भी लिफाफे में कोरा कागज भेजकर पत्र-व्यवहार किया जा सकता है।

टेलीफोन के आविष्कार से मनुष्य जाति का नैतिक स्तर उठ गया। फोन पर सच और झूठ दोनों अधिक सफाई से बोले जा सकते हैं। आदमी आमने-सामने तो बेखटके झूठ बोल जाता है, पर सच बोलने में झेंपता है। टेलीफोन के कारण संसार में सत्य-भाषण लगभग 67 प्रतिशत बढ़ा है। इससे मनुष्य जाति अधिक वीर भी बनी है। जिसकी छाया से भी डर लगता था, उस आदमी को फोन पर गाली भी दी जा सकती है और जब तक वह पता लगाकर आपको मारने आए, आप भागकर बच सकते हैं।

अब मैं फोन के उपयोग का ढंग बताता हूँ। भारत पिछड़ा हुआ देश है, इसलिए यहाँ लोगों को फोन पर बात करना भी नहीं आता।

घंटी बजते ही चोंगा नहीं उठाना चाहिए। जब घंटी थक जाए और आराम करने लगे, तब उठाना चाहिए। इससे यह प्रभाव पड़ेगा कि आपके पास फोन आते ही रहते हैं।

चोंगा उठाकर उसमें बहुत जोर से 'हैलो' कहना चाहिए। बहुत लोग इसका उच्चारण गलत करते हैं, वे 'हलो' या 'हेलो' कहते हैं। सही उच्चारण तब होगा, जब आप खूब जोर से 'है' और 'लो' अलग-अलग चिल्लाएँगे—'है...लो...।' इससे यह फायदा है कि बुलानेवाला तभी ठहरेगा, जब उसका काम आपसे बात किए बिना चल नहीं सकता।

फोन के रिसीवर में दो भाग होते हैं—एक कान पर लगाकर सुनने के लिए, दूसरा बोलने के लिए। लोग कानवाला हिस्सा तो ठीक लगा लेते हैं, पर मुँहवाला चोंगा ठीक से फिट नहीं करते। मनुष्य जाति के मुँह तीन आकारों के होते हैं—चोंगे से बड़ा मुँह, चोंगे से छोटा मुँह और चोंगे के बराबर मुँह। अन्तिम प्रकार के मुँह को

चोंगा कहने से भी काम चल जाता है। अगर मुँह चोंगे से बड़ा है, तो चोंगे को मुँह में भर लेना चाहिए। अगर चोंगे से छोटा है, तो मुँह को चोंगे में घुसेड़ देना चाहिए। अगर दोनों बराबर हैं, तो चोंगे को मुँह पर बिलकुल फिट कर देना चाहिए। ध्यान रखना चाहिए कि आपसे बात करनेवाला काफी दूर बैठा है, इसलिए चोंगे में मुँह डालकर खूब जोर से बोलना चाहिए। हमारे बाबा तो एक दिन बात करते-करते चोंगे को चबाने लगे थे, जिससे उनके दाँत उखड़ गए थे।

पुरुष और स्त्री से बात करने के ढंग अलग-अलग होते हैं। पुरुष से बात करते समय उससे अपने स्वार्थ-साधन की मात्रा के अनुसार स्वर मीठा या कड़वा होता है। पिताजी जब बैंक के मैनेजर से कर्ज देने के लिए कहते हैं, तब ऐसा लगता है कि उनका हर शब्द आम का रस बनकर तार में से बहता हुआ, मैनेजर के कान में टपक रहा है। कभी पिताजी फोन उठाते हैं और उधर से कोई स्त्री बोलती है, तो पिताजी हकलाने लगते हैं, बार-बार थूक गुटकते हैं और हाँफने लगते हैं। उनके स्वर टूट-टूटकर निकलते हैं।

फोन की घंटी बजने पर पहले अपना नाम नहीं बताना चाहिए, यद्यपि फोन के शिष्टाचार का नियम यह है कि जिसे रिंग किया जाए, उसे पहले अपना नाम बताना चाहिए। इसमें खतरा यह है कि दूसरे सिरे पर आपसे उधारी पैसा माँगनेवाला हुआ, तो आप पकड़ में आ जाएँगे। इसीलिए बड़े व्यवसायी और नेता अपनी तरफ से झूठ बोलने के लिए एक नौकर रखते हैं। वह फोन उठाता है, फोन करनेवाले का नाम पूछता है और चोंगे पर हाथ रखकर मालिक से पूछता है कि अमुक से बात करनी है या नहीं। हम किसी के लिए घर पर होते हैं और किसी के लिए नहीं। जिसका देना है, उसके लिए हम घर पर नहीं हैं। जिससे लेना है, उसके लिए हमेशा हाजिर हैं। जिससे अपना काम है, उसके लिए हैं और जिसका अपने से काम है, उसके लिए नहीं हैं। पिताजी जब फोन उठाते हैं, तब उस छोरवाला कितना ही पूछे यह नहीं बताते कि वे हैं। वह उससे ही पूछते हैं, 'आप कौन साहब बोल रहे हैं?' पिताजी की तरफ से झूठ बोलने का काम बाबा भी कर देते हैं। अच्छे पुत्र का यही लक्षण है कि वह अपने लिए अपने पिता से झूठ बुलवाए।

फोन दो तरह के होते हैं—कॉल-रेटवाले और मुफ्तवाले। कॉल-रेटवाले फोन में हर बार बात करने पर 15 पैसे लग जाते हैं। इसलिए जिस शहर मे कॉल-रेट हो, वहाँ के निवासी को दूसरे के फोन से बात करना चाहिए। जिन्हें फोन करना है, उनके नम्बर लेकर शहर में घूमने निकल जाइए। जैसे ही कोई परिचित फोनवाले का मकान आया, उससे कहिए, घर से निकलने के बाद याद आया कि अमुक को जरूरी फोन करना है। आप उनके फोन से बात करिए, और 15 पैसे हाथ में रखकर उनकी ओर बढ़ाइए। वह कहेंगे, 'अरे, रहने दीजिए!' आप पैसे जेब में रख लीजिए।

आदमी जूते की मार को एक साल में भूल जाता है, चाँटा छः महीने में भूल जाता है, गाली एक महीने में भूल जाता है और फोकट फोन करने की बात एक हफ्ते में भूल जाता है। इस तरह हर फोन से महीने में चार बार मुफ्त बात की जा सकती है।

जहाँ कॉल का पैसा नहीं लगता, वहाँ तो हमेशा बात करनी चाहिए। पिताजी जब काम करते-करते ऊब जाते हैं, तब किसी को भी फोन करने लगते हैं। 'क्या समाचार है?' कहकर वह तकिए पर लुढ़क जाते हैं। थोड़ी देर बाद कहते हैं, 'और क्या समाचार है?' और टाँगें फैला लेते हैं। थोड़ी देर बाद फिर कहते हैं, 'और क्या समाचार है?' और चित्त लेटकर आँखें बन्द कर लेते हैं। लेटे-लेटे रिसीवर कान से चिपकाए वह एक-दो बार कहते हैं, 'और क्या समाचार है?' उनकी ऊब चली जाती है और वह रिसीवर रखकर एकदम ताजा होकर फिर काम करने लगते हैं।

कॉल-रेट न होने का हम पूरा फायदा उठाते हैं। खूब बातें करते हैं। छुट्टी के दिन तो हम लोग दिन-भर बातें करते हैं। माँ अपनी सहेलियों से घंटों बातें करती हैं। बहन अपनी सखियों से बातें करती हैं। हम अपने कुत्ते की बात चोपड़ा साहब के कुत्ते से भी कराते हैं। चोपड़ा साहब का लड़का टोनी मेरा दोस्त है। वह अपने कुत्ते के मुँह पर रिसीवर लगा देता है और हम अपने कुत्ते के मुँह पर। फिर हम अपने कुत्ते को चिढ़ाते हैं, तो वह भौंकता है, जिसे सुनकर चोपड़ा साहब का कुत्ता भी भौंकता है। इस तरह कुत्तों के जवाब-सवाल चलते हैं। हमें बड़ा मजा आता है।

इस प्रकार टेलीफोन से हमें कई लाभ हैं।

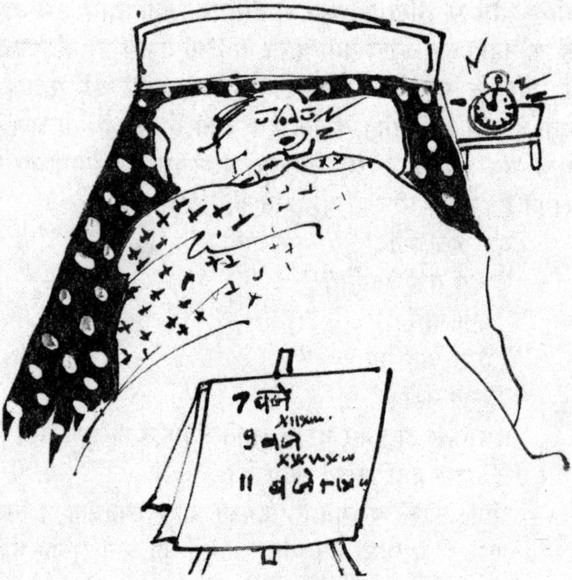

समय पर मिलनेवाले

आदमी तीन तरह के होते हैं—(1) समय पर घर न मिलनेवाले, (2) समय पर किसी के घर न जानेवाले और (3) न समय पर घर मिलनेवाले और न समय पर किसी के घर जानेवाले।

इसके बाद कुछ मुट्ठी-भर जीवधारी बचते हैं, जो समय पर घर मिलते हैं और समय पर दूसरे के घर भी जाते हैं। सज्जनतावश हम इन्हें भी 'आदमी' कह देते हैं। ये असल में 'टाइमपीस' हैं। ये घर में रहेंगे तो टाइमपीस देखते रहेंगे और बाहर होंगे तो हाथघड़ी देखते रहेंगे। इन्हें हम बर्दाश्त कर लेते हैं, मगर इनकी चर्चा करना व्यर्थ है।

चर्चा उनकी करनी है, जिन्होंने सुबह आठ बजे घर पर मिलने का वादा किया था, पर वे घर पर नहीं हैं। हम उनकी बैठक में इन्तजार कर रहे हैं। बड़ा

लड़का शिष्टता का निर्वाह करने के लिए बैठा हुआ कोई किताब पढ़ रहा है। वह बीच-बीच में आँख की कोर से हमें देख लेता है कि हम उठने की तैयारी कर रहे हैं या नहीं। हम तनाव कम करने के लिए उससे उसकी पढ़ाई के बारे में पूछ लेते हैं, खेल के बारे में बात कर लेते हैं। वह हमारे बड़े सवाल का छोटा-सा जवाब देता है और हमें लगता है कि हम बच्चे हैं और किसी बुजुर्ग के सामने बचकानी बक-बक कर रहे हैं। हम अखबार पढ़ने लगते हैं। समाचार पढ़कर विज्ञापन पढ़ने लगते हैं। बीच-बीच में पूछ लेते हैं, "कहाँ गए हैं?"

वह जवाब देता है, "पता नहीं।"

"कब तक आएँगे?"

"पता नहीं।"

"कुछ कह गए थे?"

"कुछ नहीं।"

हम फिर अखबार देखने लगते हैं। लड़का ऊब उठा है। वह चाहता है कि हम टलें। मगर हमें जरूरी काम है।

भीतर औरतें परेशान हैं। उनका बाहर स्वतंत्रता से निकलना बन्द है।

पास ही दरवाजा है। भीतर औरतों की बातें सुनाई पड़ती हैं—

"यह अच्छा है, सबेरे आकर बैठ गया है, तो उठने का नाम ही नहीं लेता। अरे, कह दिया कि घर पर नहीं हैं तो जाता क्यों नहीं है?"

"है कौन ये?"

"अरी, वही है—क्या नाम है उसका—कुछ काम-धाम है नहीं, तो यहाँ बैठे वहाँ बैठे।"

"पर 'इनकी' भी तो आदत है कि जिस-तिस से कह देते हैं कि घर आना।"

हमारा चेहरा लाल हो जाता है। कान की लोरियाँ जलने लगती हैं। मगर हमें जरूरी काम है।

आखिर हम उठते हैं। लड़के से कहते हैं, "अच्छा, अब हम जाते हैं। कह देना कि हम आए थे।"

लड़का बहुत कम खुश होकर नमस्ते करता है और हमें विदा देता है।

शाम तक वे कहीं मिल जाते हैं, तो चौंककर कहते हैं, "अरे, अरे, मैं तो भूल ही गया। तुम्हें बड़ी परेशानी हुई होगी न? मुझे सख्त अफसोस है। अच्छा, कल आठ बजे आ जाओ। मैं तुम्हारा इन्तजार करूँगा।"

दूसरे दिन आठ बजे हम फिर पहुँचते हैं। बड़ा लड़का फाटक पर आकर हमारे पूछने के पहले ही कह देता है, "वे घर में नहीं हैं।"

"कहाँ गए हैं?"

''पता नहीं।''

''कब तक लौटेंगे?''

''पता नहीं।''

''कुछ कह गए हैं?''

''कुछ नहीं।''

वह फाटक तक इसलिए भागता आया है कि हम वहीं से लौट जाएँ।

मगर हमें काम है और हम खुद फाटक खोलकर भीतर आ जाते हैं।

छोटा लड़का हमें देखकर दरवाजे से ही चिल्लाता भीतर भागता है, ''ओ अम्मा, वह फिर आ गया।''

हम बैठक में बैठ जाते हैं। बड़ा लड़का किताब पढ़ने लगता है। हम कल का अखबार पढ़ने लगते हैं। लड़का मुँह छिपाकर हँसता है।

छोटे बच्चे दरवाजे पर आकर हमें देख जाते हैं।

भीतर औरतों की बातचीत सुनाई देती है—

''लो, वह फिर आकर बैठ गया।''

''बड़ा मट्ठर आदमी है। कह दिया कि आदमी घर नहीं है, तो जाकर अपना काम-धाम क्यों नहीं देखता?''

''काम-धाम कुछ हो तो देखे।'' (सब हँसती हैं)

छोटा लड़का सारे परिवार की भावना समझकर दरवाजे पर आकर कहता है—''ए, पापा बाहर गए हैं।''

हम अनसुना करते हैं।

लड़का फिर कहता है, ''ए, पापा बाहर गए हैं।''

बड़ा लड़का इसे अनुचित समझता है। यह उसे डाँटता है—''ए मुन्ने, भाग यहाँ से। चुप!''

छोटा लड़का भाग जाता है, मगर फिर आता है।

''ए, पापा बाहर गए हैं।''

''ए मुन्ने, चुप! चाँटा खाएगा।''

मुन्ने को अब इस खेल में मजा आने लगा है। दरवाजे पर आकर बार-बार कहता है—ए, पापा बाहर गए हैं। बड़ा लड़का उसे डाँटता है, तो वह खिलखिलाकर ताली बजाता भीतर भाग जाता है। फिर आता है।

हम उठते हैं, कहते हैं, ''पता नहीं वे कब आएँगे। अच्छा, हम चलते हैं।''

बड़ा लड़का बहुत खुश होता है। जब फाटक बन्द करने के लिए हम मुड़ते हैं तो देखते हैं कि लगभग सारा परिवार खिड़की और दरवाजे पर है और बड़ी दिलचस्पी से हमें जाते देख रहा है।

इतनी तपस्या के बाद अगर वे कभी घर मिल गए तो लगता है भगवान को पा लिया। जो लोग समय तय करके भी घर नहीं मिलते, वे मुझे भगवान के एजेंट मालूम होते हैं। वे हमें अभ्यास कराते हैं कि कैसे बिना ऊबे, अवमानना की अवहेलना करके अनिश्चित काल के लिए किसी दरवाजे पर इन्तजार किया जाता है। भगवान के दरवाजे पर तो कई जन्म इन्तजार करना पड़ता है। अगर इधर कुछ अभ्यास हो गया, तो उधर आसानी पड़ेगी। दूसरी बात यह है कि इन्तजार से प्रेम बढ़ता है। हर क्षण वही मन में रहता है और आँखें फाटक पर बिछी रहती हैं। प्रेम का नाम इसी बात से तो होता है कि कौन आपका इतनी देर इन्तजार करता है।

मेरे एक दोस्त हैं। उनसे मैं मिलने का समय तय कर लेता हूँ, पर उस वक्त हरगिज उनके घर नहीं जाता। यह निश्चित है कि वे घर नहीं होंगे। समय की पाबन्दी के लिए जितनी सावधानी चाहिए, उससे कम कभी समय पर न मिलने के लिए नहीं चाहिए। मैं उनके घर ऐसे वक्त जाता हूँ, जब उनके मिलने की बिलकुल सम्भावना नहीं है—और वे मिल जाते हैं। उनके यहाँ होने की उम्मीद है, वहाँ न होकर वे होंगे, जहाँ उनके होने की उम्मीद नहीं है। वे किसी कमेटी के सदस्य हैं, जिसकी बैठक में उन्हें होना चाहिए। मगर उस वक्त वे घर मिल जाएँगे।

जब मेरा उनसे नया परिचय था और कुछ औपचारिकता बाकी थी तब उन्होंने मुझे दूसरे दिन 11 बजे खाने पर बुलाया। मैं ठीक 11 बजे पहुँच गया। मालूम हुआ कि वे घर पर नहीं हैं। आते ही होंगे, यह सोचकर मैं बैठ गया। 12 बज गए तो मैंने उनके लड़के से पूछा, "कहाँ गए हैं?" उसने कहा, "कुछ पता नहीं है।"

"कब आएँगे, कुछ बता गए हैं?"

उसने कहा, "कुछ नहीं बता गए।"

मैं बैठा रहा। जब 1 बज गया तब लड़के ने कहा, "आपको कुछ जरूरी काम होगा?"

मैं उसे कैसे बताता कि क्या काम है। इतना मैं अलबत्ता समझ गया कि इस परिवार में मेरे भोजन का कोई सिलसिला नहीं है। मैं थोड़ी देर और बैठकर उठ गया। शाम को मुझे मालूम हुआ कि जब मैं उनके घर बैठा था, तब वे खुद दूसरे के घर भोजन कर रहे थे। मुझे मिले तो बहुत दुखी हुए। कहने लगे, "अरे, बड़ी गलती हो गई। मैं भूल ही गया। फलाँ के यहाँ बैठा था। उन्होंने बहुत जोर दिया, तो मैंने वहीं खाना खा लिया। अच्छा अब कल जरूर आ जाओ।"

कई सालों के उनके साथ के अनुभवों से सावधानी की दीवार मैंने अपने आसपास खड़ी कर ली थी। वे जिस वक्त घर मिलने का वादा करते, उस वक्त मैं कभी नहीं जाता। और जब वे मेरे घर आने की बात करते तब मैं बेखटके बाहर घूमता। मुझे विश्वास था, वे उस वक्त नहीं आएँगे। शाम को 7 बजे आने को

उन्होंने कहा है तो सुबह 8 बजे तक भी आ सकते हैं। वे घर से इधर आने के लिए ही निकलेंगे, पर रास्ते में जो मिल जाएगा, उसी के हो जाएँगे। उससे बातें करने लगेंगे, उसके घर चले जाएँगे, वहाँ खाना खा लेंगे और तब उन्हें याद आएगा कि किसी से मिलने का वक्त तय किया था। वे हड़बड़ाकर भागेंगे, पर रास्ते में कोई मिल गया तो उसी के साथ हो लेंगे।

लेकिन कई सालों बाद मेरी सावधानी की दीवार फिर टूट गई। हमारे एक मित्र का तबादला हो गया। मित्र से उनके भी अच्छे सम्बन्ध थे। मिले तो भावुक हो उठे, ''अरे, अब न जाने कब मिलना होता है। इतनी दूर चले जाओगे। कब जा रहे हो?''

मित्र ने तारीख बताई।

वे बोले, ''तो कल शाम को हमारे साथ भोजन करो। तुम और परसाई दोनों आ जाओ। देखो, भूलना मत। मैं राह देखूँगा।''

मेरे मन में खटका तो हुआ, पर उस भावुकता और आत्मीयता के सामने मैं भी गाफिल हो गया।

दूसरे दिन शाम को हम उनके घर पहुँच गए। वे घर नहीं थे।

हम दोनों अब सचेत हो गए। मित्र ने कहा, ''यार, उन्हें जानते हुए भी तुमने कल 'हाँ' कह दिया।''

मैंने कहा, ''निमंत्रण तो तुम्हारा था। मैं बाधक क्यों बनता?''

उसने कहा, ''लेकिन हम आ क्यों गए? हाँ, कह देते, पर आते नहीं।''

मैंने कहा, ''पर उन्होंने भोजन का प्रबन्ध करवा लिया हो तो? फिर न आना कितना बुरा होता!''

उसने कहा, ''कहाँ प्रबन्ध करवाया होगा यार? लड़के से पूछ लो न।''

मैंने लड़के से पूछा, ''क्यों, वे कुछ कह गए हैं?''

वह बोला, ''जी नहीं, वे तो कुछ नहीं कह गए हैं।''

हमने एक-दूसरे की तरफ देखा। उठ पड़े।

रास्ते में किसी ने बताया कि वे अमुक जगह बैठे हैं।

हम वहाँ पहुँचे। इसके पहले कि मैं उनसे शिकायत करूँ, वे उस मित्र से बोले, ''तो कब जा रहे हो? देखो भाई, जाने के पहले हमारे साथ भोजन जरूर करना। बोलो, कब आ रहे हो? कल शाम को ही आ जाओ।''

वे इस तरह बोले जैसे उन्हें तबादले का समाचार अभी मिला है।

अब हम पूरी तरह रक्षा के लिए तैयार थे। मित्र ने कहा, ''आजकल मेरा बिलकुल अनिश्चित है। इसलिए समय तय करना ठीक नहीं होगा। मैं किसी भी दिन आ जाऊँगा।''

वे बोले, "हाँ-हाँ, कभी भी आ जाओ। तुम्हारा तो घर है। और मैं तो हमेशा घर पर ही रहता हूँ।"

ऐसे लोगों की निन्दा भी होती है कि वे समय का कोई खयाल नहीं रखते और अपना तथा दूसरे का वक्त खराब करते हैं। पर मेरा मत दूसरा है, ऐसे लोग ज्ञानी हैं। वे जानते हैं कि काम अनन्त हैं और आत्मा अमर है। जल्दी वे करें और समय का खयाल वे रखें, जिनकी उम्र 50-60 साल होती है। हमारी उम्र तो करोड़ों साल है क्योंकि आत्मा कभी मरती नहीं। जो काम इस जन्म में पूरे नहीं हुए, उन्हें अगले जन्म में पूरे कर लेंगे या उसके बाद वाले में। इस बार आत्मा ने मनुष्य का चोला लिया है। अगली बार वह मेढक का चोला भी ले सकती है। तब मेढक के रूप में हम वे काम पूरे कर लेंगे, जो आदमी के रूप में नहीं हो पाए। जल्दी क्या है?

'वो जरा वाइफ हैं न'

अच्छा भोजन करने के बाद मैं अक्सर मानवतावादी हो जाता हूँ। अपना पेट भरकर मानवतावादी होने में सुभीता भी है। दूसरे के घर भोजन करने के बाद तो बड़े ऊँचे और पवित्र विचार मेरे मन में आते हैं। कुछ लोग भूखे होते हैं, तब ऊँचा चिन्तन होता है। तपस्वी को पेट भरने पर बदमाशी सूझती थी और खाली पेट दर्शन। मेरी प्रकृति तपस्वियों से बिलकुल मेल नहीं खाती। भूखा होता हूँ, तब चाट की दुकान से आगे चिन्तन बढ़ता ही नहीं। खैर, इतना निश्चित है कि विचार पेट से ही पैदा होते हैं—वह भरा हो, चाहे खाली। मुख्य बात है अपने पेट को पहचानना। वरना भूल हो सकती है। मेरे एक गाँधीवादी मित्र कांग्रेस की शुद्धि के लिए साल में एक-दो बार उपवास कर डालते थे। हर उपवास के बाद कांग्रेस की हालत और बिगड़ती जाती। वे गुस्से में अगली बार 10 की जगह 15 दिनों का उपवास कर

डालते। कांग्रेस की हालत डेवढ़ी खराब हो जाती। मेरे समझाने से उन्होंने यह सिलसिला बन्द कर दिया, तो इधर कांग्रेस की हालत कुछ सुधरी है। मैंने उनसे कहा कि उपवास से सुधार का ज़माना गया, अब खाने से सुधार होता है। एक महीने किसी दूसरे का खाकर देखो कि संस्था में कैसी वृद्धि होती है। उन्होंने कहा—यानी हरामखोरी से अब तरक्की होती है? मैंने कहा—शब्दों के प्रयोग के बारे में बहुत सावधान हूँ। उपवास का कोई ठिकाना नहीं। क्या पता सोमवार की शाम को उपवास रखकर सारा देश अच्छा सोचता है, या बुरा। सवेरे सामने की झोंपड़ी की एक स्त्री लड़के को इसलिए मार रही थी कि वह रोटी माँग रहा था। लड़के ने विचार किया कि भूख में ज्यादा कष्ट है या मार में। उसने तय किया कि मार में ज्यादा कष्ट है। वह भूख को लेकर माँ को गाली देता हुआ भाग गया। मैंने इन लोगों में सोमवार के उपवास की अपील का प्रचार करने का इरादा किया था। अब मुझे उस लड़के से डर लगता है। वह बुरी गाली देता है।

मगर मैं यह बताना भूल ही जा रही हूँ कि कैसे अच्छे विचार मेरे मन में आ रहे थे। मेरे एक दोस्त की शादी की दावत थी। मैंने उसे बधाई दी—शाबाश, तुमने वह कर दिखाया, जो हमसे नहीं बना। फिर वहीं भोजन हुआ। आजकल किसी के घर भोजन करने में वही सुख मिलता है, जो अनाज की 'स्मगलिंग' में। खिलानेवाले को भी लगता है कि मेरे घर में सरासर चोरी हो रही है। खाकर लौटा और लेट गया। मन में महीनों से रुके ऊँचे विचार उमड़ने लगे। सोचा, दुनिया का भला मैं किस तरह कर दूँ। चाहता हूँ, सब सुखी रहें। सारे पति-पत्नी सुखी रहें। परस्पर विश्वास अटल रहे। किसी के तीन से ज्यादा बच्चे न हों।

इन्हीं ऊँचे संकल्पों में डूबा था कि एक शरीफ आदमी आ गए। जो लेखक नौकरी नहीं करता, वह ऐसी गाय होता है, जिसे कोई भी पकड़कर दुह सकता है। मैं समझ गया कि इन सज्जन को चाय के लिए दूध की जरूरत पड़ गई है, इसलिए स्तन झँझोड़ने आए हैं। उनके हाथ में एक पाठ्य-पुस्तक थी। कहने लगे, "थोड़ी-सी तकलीफ दूँगा। इसमें से कबीरदास के पदों का अर्थ समझा दीजिए।"

मैंने कहा, "आप क्या किसी इम्तहान में बैठ रहे हैं?"

वे बोले, "जी नहीं, 'वाइफ' बैठ रही हैं।"

मैंने कहा, "लेकिन अर्थ तो आप समझ रहे हैं।"

उन्होंने कहा, "मैं समझ लूँगा। फिर उन्हें समझा दूँगा।"

मैंने कहा, "वे ही क्यों नहीं समझ लेतीं?"

वे चुप हो गए। मैंने सोचा—यह या तो मुझे लम्पट समझता है या अपनी पत्नी को कुलटा। इसे डर है कि कबीर समझाते-समझाते मैं विद्यापति न समझाने लगूँ।

मैंने कहा, "देखिए, आप साहित्य के विद्यार्थी कभी रहे नहीं। मैं जो समझाऊँगा उसका 50 प्रतिशत आपके पास रह सकेगा। उसमें से 25 प्रतिशत अपनी पत्नी को आप दे पाएँगे। मगर पास होने के लिए 33 प्रतिशत चाहिए। यानी आपके अर्थ समझने से तो वे फेल हो जाएँगी।"

उन्होंने सोचा। फिर कहा, "आप ठीक कहते हैं। उन्हें ही समझना चाहिए।"

कबीर पर तो वे राजी हो गए। मैंने धीरे से कहा, "इसमें विद्यापति भी तो है।"

वे सावधान थे। तपाक से बोले, "उसे जाने दीजिए। वह तो अश्लील है।"

मैं समझ गया। मन में कहा—तू क्या कबीर को भला आदमी समझता है? अरे, कबीर अगर ढंग से कोई समझ ले, तो विद्यापति से ज्यादा खतरनाक हो सकता है। 'मन फूला फूला फिरै जग में कैसा नाता रे'—अगर ठीक से पत्नी समझ ले, तो तेरी गृहस्थी ही टूट जाए।

एक आचार्य हमें हिन्दी काव्य पढ़ाते थे। उन्हें भी अश्लील का बहुत डर था। जहाँ भी सुन्दर काव्य-पंक्तियाँ आ जातीं, वे मुँह बनाकर कहते—छोड़ दो। अश्लील हैं। वे लड़कियों को अलग से वह अंश समझाने के लिए तत्पर रहते थे। कुछ लोगों के लिए हर सुन्दरता अश्लीलता है। जो कुरूप है, वही उनके लिए पवित्र है। कुरूपता के सिवा पवित्रता की कल्पना उन्हें होती ही नहीं है।

मुझे एक घटना और याद आ रही है। तब हम 'वसुधा' निकालते थे। एक दिन एक सज्जन कुछ कविताएँ लेकर आए। मुझे दिखाईं। मैंने पूछा, "आपने लिखी हैं?"

वे बोले, "नहीं 'वाइफ' ने लिखी हैं। जरा देख लीजिए।"

मैंने देख लीं। कहा, "ठीक है।"

वे बोले, "तो पत्रिका में छाप दीजिए।"

मैंने कहा, "छापी नहीं जा सकतीं।"

उन्होंने पूछा, "क्यों?"

मैंने कहा, "कमजोर हैं।"

वे बोले, "तो जो खराबी है, मुझे बता दीजिए। जो सुधार आप बताएँगे, मैं उन्हें बता दूँगा। वे सुधार कर लेंगी।"

मैंने कहा, "यह कविता है। गणित नहीं है कि मैं सवाल हल करने की रीति बता दूँ और उत्तर निकाल दूँ और आप समझ लें। इसे तो जो लिखता है वही समझ सकता है।"

वे फिर आग्रह करने लगे।

मैंने कहा, "मैं उन्हीं को बता दूँगा।"

वे परेशान हुए। बोले, "वे कैसे आएँगी?"

मैंने पूछा, "क्यों?"

उनका जवाब था, "बात यह है कि वो जरा वाइफ हैं न!"

चकराने की मेरी बारी थी। 'वो जरा वाइफ हैं न!' सोचा, इसकी पत्नी बीमार होती होगी और डॉक्टर आता होगा, तो यह स्टेथेस्कोप अपने सीने में लगवाता होगा। डॉक्टर कहता होगा—मगर बीमार तो वे हैं। यह कहता होगा—हाँ, लेकिन मेरी ही जाँच कर लीजिए। वो जरा वाइफ हैं न! डॉक्टर कहता होगा—उनकी जीभ भी देखनी है। यह जीभ निकाल देता होगा—मेरी जीभ ही देख लीजिए। वो जरा वाइफ हैं न!

मैंने उनसे कहा, "देखो भाई, ये कविताएँ ले जाओ। पतिव्रताओं को इन झंझटों में नहीं पड़ना चाहिए।"

आदमी सचमुच मुश्किल में पड़ गया है। दरवाजे खुल गए हैं। सामने बहुत-से रास्ते दिखने लगे हैं। इन पर बढ़ने की महत्त्वाकांक्षाएँ जाग उठी हैं। मगर इन पर बढ़ें कैसे? यह कठिन सवाल है। स्त्री को आगे बढ़ानेवाले कुछ अति उत्साही लोगों से मेरा परिचय है। इन सबकी परेशानी मैं समझता हूँ और सहानुभूति भी रखता हूँ। आगे बढ़ी हुई स्त्री का पति कहलाने का गौरव बहुत स्वस्थ और जायज है। मगर वह बढ़े कैसे? कुछ लोग उसकी आँखों पर पट्टी बाँधकर, उसे पीठ पर लादकर आगे ले जाकर रख देना चाहते हैं। जब पट्टी खुले तो वह कहे—अहा, हम तो इतने आगे बढ़ गए। वैसे यह तरीका कोई बुरा नहीं है। सिर्फ यही कि आदमी जिन्दगी-भर कुली का काम करता है।

जानता हूँ, ऐसी बातें करना नाराजगी पैदा करना है। पिछले दिनों वे लोग नाराज हो गए थे। एक सांस्कृतिक संस्था का वार्षिकोत्सव था। उसमें गया था। संगीत, नाटक हुआ। बाद में संस्था के लोगों के साथ चाय पीते वक्त मैंने पूछा—साल में कितने नाटक खेल लेते हैं? वे बोले—ज्यादा नहीं हो पाते। बात यह है कि पार्ट करने के लिए स्त्रियाँ मिलने में बड़ी कठिनाई होती है। मैंने कहा—आप अपनी पत्नी को स्टेज पर ले आइए न! आप लोगों की पत्नियाँ अगर नाटक में काम करने लगें, तो दूसरी भी आ जाएँगी। आपमें से किनकी पत्नी स्टेज पर आती हैं? किसी की नहीं। मैंने कहा—हमारी मुश्किल यह है कि हम हमेशा दूसरे की बीवी की खोज करते हैं। दूसरे की स्टेज पर आ जाए; अपनी न आए। दूसरे की नहीं आती, तो कहते हैं कि बड़े पिछड़े हुए लोग हैं। हम पिछड़े हुए नहीं हैं, जिन्होंने उसका मुरब्बा बनाकर घर में रख छोड़ा है।

वे लोग नाराज हुए। यों ऊपर से कहा कि आप बिलकुल ठीक कहते हैं। मगर आँखों से वे वही कह रहे थे। वह कैसे आएँगी? वो जरा 'वाइफ' हैं न!

बात कहाँ तक चली गई और अब सिमट नहीं रही है। सारा दोष उस कबीर के पद समझनेवाले का है। मैं तो भोजन करके सीधे और भले विचारों में डूबा था। उसने आकर मन को बहका दिया। मुझे इन सब उलझनों से क्या मतलब! और फिर इन्हें समझना क्या आसान है? जैनेन्द्र कुमार ने इन मामलों को समझने में जिन्दगी गुजार दी, फिर भी नहीं समझ सके। मेरी क्या बिसात!

चावल से हीरे तक

परसों ही तो हम पन्ना में थे। आज यहाँ अखबार में पढ़ा कि कल वहाँ दो हीरे मिले। मैं बहुत दुखी हूँ। ऐसा लगा कि बरात पहुँचने पर मालूम हुआ हो कि लड़की किसी के साथ भाग गई। ये हीरे हमारे रहते क्यों नहीं निकले? क्या वे इन्तजार कर रहे थे कि इनकी पीठ फिरे, तो हम निकलें? अपनी ही धरती का यह कैसा व्यवहार हमारे साथ है कि वह यह देखकर हीरे उगलती है कि कहीं हम आसपास तो नहीं हैं। रत्न-प्रसू ऐसा कर सकती है। पाषाण-प्रसू ऐसा नहीं करती। जरा-सा खोदते हैं कि पत्थर निकल आते हैं।

मेरे साथ दो-तीन मित्र भी गए थे। एक ने मेरा दुख कम करने के लिए कहा, ''ऐसा भी तो हो सकता है कि तुम्हारे चरणों के स्पर्श से धरती हीरे उगलने लगी हो। शायद तुम्हारी आहट पाकर ही हीरे झाँकने लगे हों और किसी ने उन्हें निकाल लिया हो।''

मैंने कहा, "ऐसा मुगालता तुम्हीं पालो। वे और होते हैं जिनके चरण-स्पर्श से पत्थर भी स्त्री बन जाता है। वे अपनी स्त्री को छोड़ देनेवाले होते हैं। हमें देखकर हीरे पर्दा करने लगते हैं। और फिर यह कैसी बात है कि हीरे झाकें तो हमें, और निकाल कोई और ले जाए!"

सौभाग्य इसी तरह हमेशा कुछ घंटे आगे या पीछे हो गया है। दुर्भाग्य कभी समय नहीं चूका। पिछले साल भानजा 'मनीप्लांट' ले आया था। दूसरे दिन ही पोस्टमैन मनीऑर्डर ले आया। मैंने कहा, "इतने वर्षों में यह सच्चा मनीप्लांट मिला है।" पर पोस्टमैन रुपए देकर ज्यों ही गया, टाइफाइड आ गया। उसे मालूम होगा कि दूसरी डिलीवरी में मनीऑर्डर आते हैं। वह कोने पर खड़ा-खड़ा देख रहा होगा। पोस्टमैन इधर मुड़ा, तो वह पीछे-पीछे चला आया। सब रुपए ले गया। इससे तो अच्छा यह होता कि मैं उसे चिट्ठी दे देता और वह सीधे पोस्टमास्टर से ही रुपए ले लेता। कहता—अमुक आदमी के नाम मनीऑर्डर आया है न! मैं टाइफाइड हूँ। उनकी 'अथॉरिटी' लाया हूँ। मुझे दे दीजिए। मैंने मनीप्लांट घर के बाहर फिंकवा दिया। कहा, "भई, मनीप्लांट शायद दो तरह का होता है—पैसा लानेवाला और पैसा ले जानेवाला। यह ले जानेवाला मालूम होता है।"

उसने कहा, "नहीं, यह एक ही तरह का होता है।"

मैंने कहा, "तो फिर आदमी दो तरह के होते हैं। किसी को यह देता है और किसी से ले जाता है। कारखाना भी तो मनीप्लांट है। मगर जो मालिक को देता वह मजदूरों को नहीं देता। आदमी में ही फर्क है। तभी तो देखता हूँ कि जिन घरों में पचीसों तरह के 'कैक्टस' हैं, वे अभी तक 'वेस्टलैंड' (बंजर) नहीं हुए, बल्कि फूलते-फलते जा रहे हैं।"

पूछा जाएगा कि इतना रो रहे हो, तो क्या सचमुच हीरे खोजने पन्ना गए थे? नहीं, गए बरात में थे। लड़केवाले जानते थे कि ये सच्चे बराती नहीं हैं, पर्यटक हैं। पास ही खजुराहो है, इसीलिए चले आए हैं। हम भी पूरे ईमान से इसका प्रतिवाद नहीं कर सकते। रही हीरे की बात, तो वह यों थी जैसे मन्दिर जाने पर मन में आए कि अगर किसी के अच्छे जूते हाथ लग जाएँ, तो देव-दर्शन और शुभ हो। न हाथ लगें, तो कोई बात नहीं। पर दुख तब होता है, जब सुनते हैं कि अमुक के नए जूते मन्दिर से कोई ले गया। ऐसा ही दुख पन्ना की इस खबर में है। यों तो सब ठीक चलता जाता है, पर 'कोई' नहीं होना अखरता। कोई चोरी करता है, कोई मुनाफा कमाता है, कोई घूस खाता है, कोई इनाम पाता है—मगर इनमें से एक भी 'कोई' अपना सर्वनाम नहीं! इनमें से किसी की व्यक्तिवाचक संज्ञा हम नहीं।

खैर, खजुराहो देख लिया। सरकार के पर्यटक विभाग ने और पश्चिम में बिकने के लिए अंग्रेजी किताबें लिखनेवालों ने खजुराहो का जो रूप प्रचारित किया है, उसे सच मानकर जो मिथुन-रत जोड़ों की मूर्तियाँ देखने ही खजुराहो आना चाहते हैं उन्हें मेरी सलाह है कि व्यर्थ पैसा खर्च न करें। वे हमारी तरह ही निराश होंगे। स्थानीय पुस्तक-विक्रेता से इस विषय की सचित्र पुस्तक खरीदें जो हर शहर में छिपकर बिकती हैं। यह तासीर को ज्यादा रास आएगी। खजुराहो में वैसी मूर्तियाँ बहुत कम हैं और प्रभावहीन भी। हाँ, इसके सिवा और बहुत-कुछ है। पर वह क्या है इसे पश्चिम को न पर्यटक-विभाग बतलाता है, न ये लेखक। जो उन्हें अच्छा लगे, वही पश्चिमवालों को बताकर पर्यटक खींचे जाने चाहिए न! पश्चिम यह जानकर अगर खुश हो कि हम बहुत पतित लोग हैं, तो आधुनिक भारत पर किताब लिखनेवाला यही लिखेगा। तभी तो पश्चिम का पाठक उसकी किताब खरीदेगा और चूम लेगा और कभी पतितों को देखने भी आ सकता है। पतितों को देखना बड़ा दिलचस्प अनुभव होता है।

खजुराहो की कई मूर्तियाँ चोरी चली गई हैं। अभी भी चुराई जाती हैं। हमें एक स्थानीय अधिकारी ने बताया कि कुछ महीने पहले एक अमरीकी मूर्ति चुरा ले गया और अभी कुछ दिन पहले एक अंग्रेज महिला मूर्ति ले जाते पकड़ी गई। हमने कहा—चौकीदार तो होगा। उन्होंने कहा—वह इधर-उधर हो गया होगा। भारत के चौकीदार का यह स्वभाव हो गया है कि अमरीकी या अंग्रेज चोरी करने लगें, तो वह इधर-उधर हो जाता है। हमने ईमान और आत्मसम्मान की रक्षा के लिए भी चौकीदार रखे हैं पर वे इनकी भी चोरी कर लेते हैं। चौकीदार उन्हें देखकर हट जाता है। दो महीने पहले खाद्यमंत्री सुब्रह्मण्यम की गर्दन तनी हुई रहती थी और वे कहते थे—आत्मसम्मान खोकर हम एक दाना भी किसी से नहीं लेंगे। अब गर्दन ढीली हो गई है और वे कहते हैं—चाहे हमें झुकना पड़े, पर अन्न तो लेना ही होगा। वैसे तो चौकीदार वर्दी पहनकर, बन्दूक लेकर अकड़ा खड़ा रहता है, पर अमरीकी और अंग्रेज चोरी करने आते हैं, तो वह पान खाने चला जाता है।

ये विदेशी भी व्यर्थ 'रिस्क' लेते हैं। चोरी करने की जरूरत ही नहीं है। हममें से ही कुछ लोग खोमचे में ईमान और आत्मसम्मान भरकर बेचने बैठे रहते हैं। उनसे खरीद लें। सस्ता पड़ेगा। या घर बैठे भी मिल सकता है। हमारे यहाँ फेरीवाले भी हैं। वे ईमान और आत्मसम्मान की गठरी पीठ पर लादकर विदेशों में फेरी लगाते हैं। घर पर 'डिलीवरी' का भी इन्तजाम है हमारे यहाँ।

लौटे तो थोड़ी दूर जाकर ही देखा कि दुर्भाग्य पीछे चला आ रहा है। प्राइवेट बस का हर हिस्सा बाकी से स्वतंत्र था। सीट स्वतंत्र, ऊपर का ढाँचा स्वतंत्र, इंजन स्वतंत्र। जब पहियों के नट-बोल्ट ने भी स्वतंत्रता का नारा लगाया, तो बस रुकी और बाहरी हस्तक्षेप से उनकी आजादी की माँग दबाई गई। साम्राज्यवादी षड्यंत्र हो गया। कुछ मील आगे चलकर डीजल ने भी स्वतंत्रता की घोषणा कर दी। ड्राइवर ने उसे निकालकर बाल्टी में भरा और उसे अपने पास रख लिया। बाल्टी में नली डालकर तेल इंजन तक पहुँचाया जाने लगा। हमें लगा, थोड़ी देर बाद ड्राइवर इंजन को भी निकालकर गोद में रख लेगा। ऐसा होने के पहले ही हमें दूसरी बस मिल गई। हमने बस के मालिक से कहा—सरदारजी, रोड ट्रांसपोर्ट ऑफिसवाले कब तक आपको बचाने का वायदा कर चुके हैं? उन्होंने कहा—नहीं जी, गाड़ी तो बहुत अच्छी है। आज इत्तफाक की बात ही है, जो ऐसा हो गया।

यह क्या इत्तफाक था? यही होगा कि हम बस में बैठे थे। दो दिन पन्ना के आसपास घूमकर भी एक हीरा नहीं पाया। ऐसे अभागों के बैठने से कौन-सी बस ठीक रह सकती है। वह तो बेचारी बस ही है। रेलगाड़ी तक आधा घंटा पहले डर के मारे जा चुकी थी। हम दूसरी गाड़ी के इन्तजार में सो गए। सुबह मित्रों की राय हुई कि भोजन यहीं कर लिया जाए। एक दोस्त की कोई महीने-भर से चावल खाने की महत्त्वाकांक्षा है। वे शादी में वर के भाई को सलाह दे रहे थे कि बताशों के बदले हर मेहमान को सौ ग्राम चावल दे दो। हम बड़ी आशा से रेलवे के भोजनालय में घुसे। सामने ही तख्ती लगी थी, जिस पर लिखा था—'राइस नॉट अवेलेबल!' अंग्रेजी के कारण धक्का कम लगा। यही बात हिन्दी में यों लिखी जाती—'चावल नहीं मिलेगा।' कितना कर्कश होता। इसका मतलब होता—चावल नहीं मिलेगा। खाना हो तो खाओ, वरना बाहर निकल जाओ। अंग्रेजी में कैसी नम्रता से बात कह दी—राइस नॉट अवेलेबल! छुपाने के मामले में अंग्रेजी भाषा कमाल करती है। विल्सन ने कह दिया था कि भारत ने पाकिस्तान पर हमला कर दिया। हम सब हिन्दी में इसे 'झूठ' कहने लगे। मगर अंग्रेजी में उन्होंने कहा—हम 'अनइनफार्म्ड' थे! कैसा भोलापन आ गया अंग्रेजी में!

दुर्भाग्य ने पीछा नहीं छोड़ा। यहाँ आए, तो यह समाचार दुख दे रहा है। अगर 10-15 दिन बाद हीरे मिलते तो कोई बात नहीं थी। पर हमारी पीठ फिरते ही निकल आए! चावल से लेकर हीरा तक हमारी नजर बचाता है।

बेचारा भला आदमी

मैंने सुना है कि दुकानदार ने भले आदमी के रूप में मेरा उदाहरण दिया। मैं उदाहरण बनने से बहुत डरता हूँ। मार्क ट्वेन ने कहा है कि लोग जिस चीज से सबसे अधिक चिढ़ते हैं वह है—अच्छा उदाहरण। अच्छा उदाहरण एक बार बन जाने पर आदमी अच्छाई का गुलाम बन जाता है। मेरे एक मित्र को लोगों ने जवानी में ही त्याग का उदाहरण बनाकर उनकी जिन्दगी बरबाद कर दी। मैं अच्छेपन का उदाहरण बनकर नहीं रहना चाहता। कोई बुराई करता है, तो मुझे सन्तोष होता है कि कभी भूले-भटके उस आदमी का भला मेरे हाथों हो गया होगा। तारीफ से डर लगता है। कोई मुँह पर तारीफ करे तो उससे पूछ लेता हूँ कि बता भाई कौन-सी बेवकूफी करूँ? नाली में कूद पड़ूँ! धूल में लोटूँ? तारीफ करके आदमी से कोई भी बेवकूफी कराई जा सकती है। पीछे कोई किसी की तारीफ करेगा, इस बात पर

कोई विश्वास नहीं करेगा। हम कुछ मित्रों के बारे में एक बार एक व्यक्ति ने आश्चर्य से कहा—ये लोग तो ऐसे दोस्त हैं कि पीठ-पीछे भी एक-दूसरे की तारीफ करते हैं। हम लोगों ने बाद में इस पर बहुत विचार किया और इस नतीजे पर पहुँचे कि हम लोग मित्रता के आधार की अवहेलना कर रहे हैं—मित्र तो वही होता है, जो मुँह पर तारीफ करे, पीठ-पीछे तारीफ करनेवाला भी कोई मित्र है!

दुकानदार मेरा मित्र नहीं है। उसने मुझे भला आदमी कहा, तो मैं चिन्तित हो गया। उसकी दुकान से मैं उधार सामान लेता हूँ और जितना बिल वह बता देता, बिना हिसाब देखे दे देता हूँ। हिसाब न देखना मेरा देवत्व नहीं है, आलस्य है। कई बार बुराई भलाई के रूप में प्रचार पाती है। एक धनवान लेखक के बारे में यह बुराई फैली कि वह पैसे देकर दूसरों से पुस्तकें लिखवाता है। मैंने लोगों को समझाया कि अगर तुम उनकी पुस्तकें पढ़ो तो तुम्हें विश्वास हो जाएगा कि वे उन्होंने लिखी हैं। इतना रद्दी उनके सिवाय हिन्दी में और कौन लिख सकता है? घटिया लिखना उनकी ईमानदारी का सबूत हो गया। कई दुकानदारों की मीठी बातें जो व्यापारिक चतुरता है, मानवीयता के नाम से बाजार में चलती है। मेरा आलस्य भलमनसाहत के रूप में चलता है। दुकानदार से कोई ग्राहक हिसाब को लेकर झगड़ रहा था। दुकानदार ने कहा—आप तो बड़ी झिक-झिक करते हैं। परसाईजी बेचारे भले आदमी हैं। जो हिसाब बता दो, बिना देखे दे जाते हैं। मुझे देखकर ग्राहक बिलकुल प्रभावित नहीं हुआ। उसने मुझे भला तो नहीं, पर बेवकूफ जरूर समझा होगा।

मैं भी चिन्तित हो गया। मैं कोई खास भला नहीं हूँ। देना भूल जाता हूँ, लेना नहीं भूलता। मैं भला हूँ, क्योंकि आलसी आदमी हूँ। बुरा होने के लिए हाथ, पाँव और मन को हिलाना पड़ता है। अगले महीने मैंने बुरा आदमी बनने की कोशिश की। मैं घर में हिसाब रखता गया। महीने के अन्त में जब उससे हिसाब पूछा तो पाया कि उसने दस रुपए बढ़ा लिये हैं। काफी महँगा सर्टिफिकेट दे रहा था वह मुझे। विश्वविद्यालय से मैंने दस रुपए भेजकर एम.ए. का सर्टिफिकेट ले लिया था, जो मुझे जिन्दगी-भर शिक्षित बनाने के लिए काफी है। दुकानदार का सर्टिफिकेट, जिसे मैं मढ़ाकर टाँग भी नहीं सकता, 10 रुपए में सिर्फ एक महीने के लिए मिलता है। मुझे हर साल 120 रुपए इसलिए देने पड़ते हैं कि एक छोटे-से शहर का एक जनरल मर्चेंट मुझे भला आदमी कहे। अगर मैं उससे शेष जिन्दगी याने लगभग 30 साल सामान खरीदता रहूँ, तो लगभग साढ़े तीन हजार रुपए मैं सिर्फ इसके दूँगा कि उसने मुझे भला आदमी कहा। सारा बाजार मुझे भला कहे, इसके लिए तो पूरी आमदनी बाँट देनी पड़ेगी। मुझे यह मंजूर नहीं। मैं हिसाब देखने लगा। भले आदमी के उदाहरण के लिए किसी और का उपयोग होगा।

लेकिन तब से मैं भले आदमियों के बारे में छानबीन कर रहा हूँ। एक मकान-मालिक कहता था कि पांडेजी बेचारे बड़े भले आदमी हैं। पांडेजी उसके मकान में किराए पर रहते हैं। एक बरसात के दिन मैं पांडेजी के घर गया। देखा कि सारे घर में पानी टपक रहा है। उनसे कहा कि मकान-मालिक से मरम्मत के लिए क्यों नहीं कहते। पांडेजी ने लापरवाही से कहा—'ऊँह, 10-12 दिन ही तो पानी के होते हैं। निकल जाएँगे।' मकान-मालिक कहता है कि पांडेजी बेचारे भले आदमी हैं। एक सज्जन अफसर कहते कि राजेन्द्र मास्टर बेचारा भला आदमी है। जाँच करने पर मालूम हुआ कि मास्टर साहब उनके बेटे को मुफ्त में पढ़ा जाते थे।

मैं देखता हूँ कि हर इस तरह का प्रशंसक 'भला' के पहले 'बेचारा' जरूर लगता है। 'बेचारा भला आदमी है।' यह अकारण नहीं है। हमारी पूरी विचार-प्रक्रिया इन दो शब्दों के साथ चलने में झलकती है। हम 'भला' उसी को कहेंगे जो 'बेचारा' हो। जब तक हम किसी को 'बेचारा' न बना दें, तब तक उसे भला नहीं कहेंगे। क्यों? इसके दो कारण हैं। पहला तो यह कि जो बेचारा नहीं है, वह हमें अपने लिए 'चैलेंज' लगता है। उसे हम भला क्यों कहें? दूसरा कारण यह है कि जो बेचारा है, उसे हम दबा सकते हैं, लूट सकते हैं—उसका शोषण कर सकते हैं। किसी को 'भला' कहना उसकी प्रशंसा नहीं है। उसे 'बेचारा' करके दया प्रकट करना है। जो हर काम के लिए चन्दा दे देता है, वह बेचारा भला आदमी है। जो रिक्शावाला कम पैसे ले लेता है, वह बेचारा भला आदमी है। जो लेखक बिना पैसे लिये अखबार के लिए लिख देता है, उसे सम्पादक बेचारा भला आदमी कहते हैं। टिकट कलेक्टर बेचारा भला आदमी है, क्योंकि वह बिना टिकट निकल जाने देता है। अपनी व्यवस्था ने बहुत सोच-समझकर यह मुहावरा तैयार किया है।

पिछले दस सालों से एक व्यक्ति के बारे में सुन रहा हूँ कि वह बेचारा भला आदमी है; लँगोटी तक उतारकर दे देता है। उस भले आदमी ने कोट उतारकर दे दिया, कमीज उतारकर दे दिया, टोपी उतारकर दे दी, धोती उतारकर दे दी और लँगोटी उतारकर दे ही रहा था कि सावधान हो गया। उसने फिर पूरे कपड़े पहन लिये। अब कोई उसे भला आदमी नहीं कहता, क्योंकि वह 'बेचारा' नहीं रहा।

एक स्कूली किताबें छापने और बेचनेवाला मुझे 'बेचारा भला आदमी' कहता था। मैं उसे पुस्तकें लिख देता और जो वह देता, ले लेता। उसके बाप-दादे पीढ़ियों से ऐसे बेवकूफ की तलाश में थे। अब जाकर मैं मिला था। वह मेरा यश फैलाता था—'परसाई बेचारा भला आदमी है।' एक बार मैं बीमार पड़ा। तभी मैं उसके लिए पुस्तक लिख रहा था, जो आधी दे दी थी, और आधी की पांडुलिपि मेरे पास थी। वह मेरी तबीयत के बारे में पूछने आया। बीमारी के बारे में पूछा, लेखक के संघर्ष के प्रति सहानुभूति जतलाई, संसार की असारता पर मत प्रकट किया और

अन्त में सिद्ध किया कि लिखना तो तपस्या है। उसने मुझे यह भी समझाया कि सच्चा लेखक तो भौतिक उपलब्धियों से मुँह फेर लेता है; वह तो त्यागी होता है। (चोर ही सबसे अधिक इस बात का प्रचार करते हैं कि इस महान देश में पहले लोग घरों में ताले नहीं लगाते थे।) मैं उसके प्रवचन को सुनता रहा। जब उसने बाकी पांडुलिपि माँगी तो मैंने कहा कि मुझे पैसों की जरूरत है। आप शाम तक भेज दीजिए। एक मिनट पहले के उस ज्ञानी का चेहरा एकदम गिर गया; उसकी आँखों में क्लेश आ गया और वह ऐसा कातर हो गया, जैसे मैंने उससे कह दिया हो कि भाई, तुम यहाँ बैठे हो; घर में तुम्हारे पिताजी की मृत्यु हो गई। इसके बाद उसने मुझे भला आदमी नहीं कहा। कहता था—मैं तो समझता था कि वह भला आदमी है। पर मैं तो उसकी तबीयत देखने गया और वह पैसे माँगने लगा।

मुझे इस 'बेचारा भला आदमी' से डर लगता है। अगर देखता हूँ कि मेरे बगल में ऐसा आदमी बैठा है, जो मुझे 'बेचारा भला आदमी' कहता है, तो जेब सँभाल लेता हूँ। क्या पता वह जेब काट ले!

स्नान

एक बार मैं प्रयाग में तीन दिन रहकर बिना गंगा नहाए लौट आया, तो जिसने सुना, उसने थूका। लोगों की कल्पना से यह परे है कि कोई इतना अभागा भी होगा, जो प्रयाग जाए और त्रिवेणी में स्नान न करे। लोग तो बिना टिकट जाते हैं, रेलवे-कर्मचारियों की गाली सुनते हैं, संडास में छिपकर उनसे बचते हैं और गंगा-स्नान करके आते हैं, तो निहायत उजले लगते हैं। गंगा पाप-विनाशिनी हैं। तमाम पापियों को स्वर्ग भेजती हैं—

'कोऊ नहीं तारे तिन्हें तारे तुम गंगा मैया,
जेते तुम तारे तेते नभ में न तारे हैं।'

—पद्माकर

ऐसी स्तुतियों से गंगा की महिमा बढ़ती है या पाप करने का प्रोत्साहन मिलता

है? गंगा है, तो बेखटके पाप करो और उसे धमकाते जाओ—

'ए रे दगादार मेरे पातक अपार तोहे
गंगा की कछार में पछार छार करिहौं।'

पाप करो और गंगा में डुबकी लगा लो—

'चली कुलबोरन गंगा नहायकै'

—कबीर

मेरी नजर में उस आदमी की बड़ी इज्जत है, जो बिना गंगा नहाए लौट आता है। हजारों सालों के संचित संस्कार उसे संगम की ओर खींचते हैं और वह कितनी बलवती इच्छा-शक्ति से उन्हें परास्त करके लौटता है। वह बड़ा ताकतवर आदमी है। प्रयाग से लौटनेवाले से मैं यह प्रश्न जरूर पूछता हूँ—'गंगा में स्नान किया था?' यदि वह स्वीकार करता है, तो मेरी नजरों से गिर जाता है—पोच आदमी है; संस्कारों का गुलाम। जो कहता है कि मैं नहीं नहाया, उस नरपुंगव को नीचे से ऊपर तक मैं बड़ी प्रशंसा से देखता हूँ—हाँ, यह ढंग का आदमी है।

गंगा-स्नान ही नहीं, साधारण स्नान के बारे में भी बड़ा अन्धविश्वास है। जैसे यही कि रोज नहाना चाहिए। गर्मी हो या ठंड। क्यों नहाना चाहिए? गर्मी में नहाना तो माफ किया जा सकता है, पर ठंड में रोज नहाना बिलकुल प्रकृति-विरुद्ध है। जिन्हें ईश्वर पर विश्वास है, वे यह क्यों नहीं सोचते कि यदि शीत ऋतु भी रोज नहाने की होती, तो यह इतनी ठंड क्यों पैदा करता? शीत ऋतु उसने नहाने के लिए बनाई ही नहीं है, लेकिन आप 'सी-सी' करते जा रहे और रोज नहा रहे हैं। और मुझे यह आज तक समझ में नहीं आया कि नहाने और खाने का क्या सम्बन्ध है? कोई दोस्त इतवार को सुबह आ जाता है और दोपहर तक बैठता है, मैं उससे भोजन करने के लिए कहता हूँ, तो वह कह देता है—अभी तो नहाया नहीं है। कितनी लचर दलील है! नहाया नहीं है, तो खाना क्यों नहीं खाएगा? नहाते शरीर से हैं, पर खाते तो सिर्फ मुँह से हैं!

रोज नहाने के पक्ष में तरह-तरह के तर्क दिए जाते हैं; जैसे यह कि स्फूर्ति आती है, दिमाग साफ होता है, काम में मन लगता है, आदि। यह सब झूठ है। रोज नहानेवाले कई मूर्ख मैंने भी देखे हैं और आलसी ऐसे कि आज नहाकर सोए, तो कल नहाने के वक्त उठेंगे। प्रतिभा का तो नहाने से उलटा सम्बन्ध है। जो अधिक नहाएगा, उसकी प्रतिभा धुलती जाएगी। एक प्रमाण पर्याप्त होगा—

कालिदास ने अपनी काव्य-रचना कहाँ की? उज्जैन में? हरगिज नहीं। मैंने दो दिन उज्जैन में रहकर देख लिया है। वहाँ बेहद खटमल हैं। मालवी वैद्य और खटमल प्रसिद्ध हैं। कालिदास रात-भर खटमलों से लड़ते होंगे! उज्जैन वाले यह तर्क करें कि विक्रमादित्य के प्रताप के कारण खटमल उसके राज्य में नहीं होते थे,

तो मैं मान नहीं सकता। खटमल पर चक्रवर्ती का वश नहीं चलता। खुदा की खाट में भी खटमल होते हैं। सिद्ध हुआ कि कालिदास ने उज्जैन में काव्य नहीं लिखा, बल्कि कश्मीर में लिखा।

कालिदास ने सारा काव्य कश्मीर में लिखा; उज्जैन में तो वे अच्छे अक्षरों में पांडुलिपि बनाते रहे। उज्जैन वाले हर साल कालिदास की 'प्रेस कॉपी' बनाने की स्मृति में जलसा करते हैं। कालिदास का 'केस' सिद्ध करता है कि स्नान नहीं करने से प्रतिभा का विकास होता है। बहुत लोगों को इस वैज्ञानिक तथ्य का ज्ञान नहीं है कि स्नान करने से त्वचा के पोर खुल जाते हैं और उन पोरों से पसीने के साथ प्रतिभा के कण भी निकलते हैं।

मेरे एक मित्र रोज नहाना बुर्जुआ प्रवृत्ति मानते हैं। वे इसे सामन्ती सभ्यता का चिह्न मानते हैं—सामन्तों को कोई काम तो करना नहीं पड़ता, इसलिए वे दिन का बहुत बड़ा भाग स्नान करने में व्यतीत करते थे। स्नान करने की कला और स्नान-प्रसाधनों का जितना विकास सामन्ती युग में हुआ, उतना किसी अन्य काल में नहीं। उन्हें बड़ा दुख होता है कि आज मध्यवर्ग इस तरह की बुर्जुआ मान्यताओं का पोषक है। सर्वहारा के पास स्नान में बरबाद करने के लिए वक्त नहीं है। सर्वहारा के आन्दोलन में इसलिए तो अपेक्षित तीव्रता नहीं आ रही है कि उसके नेता मध्यम वर्ग के हैं, जो रोज नहाते हैं।

मैंने ऐसे लोग देखे हैं जो केवल इस कारण अकड़े फिरते हैं कि वे रोज दो बार नहाते हैं। इसे वे बड़ी उपलब्धि मानते हैं और इससे जीवन की सार्थकता का अनुभव करते हैं। बड़े गर्व से वे कहते हैं—'भैया, कोई भी मौसम हो, हम तो दो बार नहाते हैं। और ठंडे पानी से।' स्नान के अनुभव को वे बड़े महत्त्व के साथ सुनाते हैं—'बस, पहला लोटा उँड़ेलो, तभी जरा ठंड लगती है। इसके बाद ठंड लगती ही नहीं; गर्मी लगती है। फिर दिन-भर बड़ा अच्छा लगता है।' मैं नहीं जानता, अपने शरीर की सारी उष्णता ठंडे पानी से लड़ने के लिए रोज बाहर निकालना कहाँ तक अच्छा है! उस उष्णता से कोई उपयोगी काम किया जा सकता है।

पिछले महीने जब कड़ी ठंड पड़ रही थी, मुझे एक परदेसी मित्री मिला। वह किसी के यहाँ तीन-चार दिन के लिए मेहमान था। स्नान के बारे में बातें करते हुए उसने बताया—'आज, सुबह मैं नहाने पहुँचा, तो देखा कि सीमेन्ट के हौज में पानी भरा है; रात-भर का ठंडा पानी। पहले तो जी हिचका। पर फिर मैंने लोटा भरकर डाल ही लिया। पाँच मिनट तक देह सुन्न रही।'

मुझे सुनकर ही कँपकँपी आ गई। उसके पास बैठना मेरे लिए असह्य हो गया। मुझे ज्यों ही खयाल आता कि इसने सवेरे हौज के पानी से नहाया है, मैं ठिठुरने लगता। उसके साथ रिक्शे में बैठा, तो एक कोने में सिकुड़ गया। कहीं उसके शरीर

से मेरा शरीर स्पर्श न कर ले। कभी रिक्शे की हलचल के कारण उसके कपड़े भी छू जाते तो मेरी दँतोड़ी बँध जाती। वह तीन दिन रहा और मैं उससे कतराता रहा। जब वह जाने लगा तो मैंने उससे कहा, "बन्धु, तुममें गजब की इच्छा-शक्ति है। ऐसी दृढ़ इच्छा-शक्ति से तुम कोई बड़ा काम कर सकते थे। तुम गौरीशंकर की चोटी पर चढ़ सकते थे; तुम कोई आविष्कार कर सकते थे। पर तुम उसका उपयोग ठंडे पानी से नहाने में कर रहे हो; अपनी शक्ति को बरबाद कर रहे हो। आगामी पीढ़ियाँ तुम जैसों को कोसेंगी। कहेंगी, उस जमाने में, जब देश का निर्माण हो रहा था, तब कितने ही ऐसे तरुण थे, जो अपनी शक्ति का उपयोग ठंडे पानी से नहाने में कर रहे थे। इतिहास तुम्हें कभी माफ नहीं करेगा। आगामी पीढ़ियाँ तुम्हारे नाम को रोएँगी।"

वह हँसता रहा। उसे सिर धुनना था। कुसंस्कारों की जड़ें बड़ी गहरी होती हैं। रवीन्द्रनाथ ने ठीक ही कहा है कि ज्ञान की निर्झरिणी अन्धविश्वासों की मरुभूमि में खो गई है। इस लेख को पढ़कर यदि एक पाठक ने व्यर्थ स्नान में समय नष्ट न करने का निश्चय किया, तो मैं अपना श्रम सार्थक समझूँगा।

पगडंडियों का ज़माना

मैंने फिर ईमानदार बनने की कोशिश की और फिर नाकामयाब रहा।

एक सज्जन ने मुझसे कहा कि एक परिचित अध्यापक से कहकर मैं उनके लड़के के नम्बर बढ़वा दूँ। यों मैं उनका काम कर देता, पर बहुत अरसे बाद उसी दिन मुझे ईमान की याद आई थी और मैंने पूरी तरह ईमानदार बन जाने की प्रतिज्ञा कर ली थी। सज्जन की बात सुनकर मुझे पुरानी कथाएँ याद आ गईं और मैंने सोचा कि प्रतिज्ञा करते मुझे देर नहीं हुई कि ये इन्द्र या विष्णु मेरी परीक्षा लेने आ पहुँचे। उन्हें विश्वास नहीं है कि कोई इस जमाने में लम्बी तपस्या करेगा। चार कहानियाँ लिखकर लोग युग-प्रवर्तक की लिस्ट में नाम खोजने लगते हैं। इसलिए ये देवता अब तपस्या शुरू होते ही परीक्षा लेने आ पहुँचते हैं।

मैंने उन्हें मन-ही-मन प्रणाम किया और प्रकट कहा, ''मैं इसे अनुचित और

अनैतिक मानता हूँ। मैं यह काम नहीं करूँगा।''

मुझे आशा थी कि अब ये अपने मौलिक देव-रूप में प्रकट होंगे और कहेंगे—'वत्स, तू परीक्षा में खरा उतरा। बोल, तुझे क्या चाहिए? हम वर देने के 'मूड' में हैं। बोल, हिन्दी साहित्य के इतिहास में तेरे ऊपर एक अध्याय लिखवा दूँ? या कहे, तो किसी समीक्षक की तेरे घर में पानी भरने की ड्यूटी लगा दूँ?'

वे मौलिक रूप में तो आए, पर वह प्रसन्नता का न होकर रोष का था। भुन-भुनाकर चले गए। मैंने सुना, वे लोगों से मेरे बारे में कह रहे थे—'आजकल वह साला बड़ा ईमानदार बन गया है।'

मैं जिसे देवता समझ बैठा था, वह तो आदमी निकला। मैंने अपनी आत्मा से पूछा—'हे मेरी आत्मा, तू ही बता! क्या गाली खाकर, बदनामी करवाकर मैं ईमानदार बना रहूँ?'

आत्मा ने जवाब दिया—'नहीं, ऐसी कोई जरूरत नहीं है। इतनी जल्दी क्या पड़ी है? आगे ज़माना बदलेगा, तब बन जाना।'

मेरी आत्मा बड़ी सुलझी हुई बात कह देती है कभी-कभी। अच्छी आत्मा 'फोल्डिंग' कुर्सी की तरह होनी चाहिए। जरूरत पड़ी तब फैलाकर उस पर बैठ गए; नहीं तो मोड़कर कोने में टिका दिया। जब कभी आत्मा अड़ंगा लगाती है, तब मुझे समझ में आता है कि पुरानी कथाओं के दानव अपनी आत्मा को दूर किसी पहाड़ी पर तोते में क्यों रख देते थे। वे उससे मुक्त होकर बेखटके दानवी कर्म कर सकते थे। देव और दानव में अब भी तो यही फर्क है—एक की आत्मा अपने पास ही रहती है और दूसरे की उससे दूर।

मैंने ऐसे आदमी देखे हैं, जिनमें किसी ने अपनी आत्मा कुत्ते में रख दी है, किसी ने सूअर में। अब तो जानवरों ने भी यह विद्या सीख ली है और कुछ कुत्ते और सूअर अपनी आत्मा किसी-किसी आदमी में रख देते हैं।

आत्मा ने कह दिया, तो मैंने ईमानदार बनने का इरादा त्याग दिया।

राधेश्याम ने भी कोशिश की थी और वह भी असफल हो गया। उसकी एक छोटी-सी दुकान है। उसने पैसे-पैसे की बिक्री का सही हिसाब रखा और उसे बिक्री-कर के दफ्तर ले गया। वहाँ उससे कहा गया कि हिसाब झूठा है। तब उसे सच्चे हिसाब को सच्चा मनवाने के लिए घूस देनी पड़ी। कह रहा था—मैं भी अब झूठा हिसाब रखूँगा। उसे घूस देकर सच्चा बनवा लिया करूँगा। सच्चाई के लिए घूस देने की अपेक्षा यह ज्यादा अच्छा है कि झूठ के लिए घूस दूँ। इतना महँगा ईमान अपनी हैसियत के बाहर है। इससे तो बेईमानी सस्ती पड़ेगी।

एक स्त्री नौकरी के सिलसिले में एक बड़े आदमी के पास सच्चरित्रता का

प्रमाण-पत्र लेने गई थी। बड़े आदमी ने उसे पहले अपने शयन-कक्ष में ले जाना चाहा और बाद में सच्चरित्रता का प्रमाण-पत्र देना चाहा। पहले देवता आदमी बनकर ठगते थे, अब आदमी देवता बनकर ठगते हैं।

देखता हूँ कि हर सत्य के हाथ में झूठ का प्रमाण-पत्र है। ईमान के पास बेईमानी की सिफारिशी चिट्ठी न हो, तो कोई उसे दो कौड़ी को न पूछे। यही सब सोचकर मैं ढीला हो गया। अब मैं बड़े खुले मन से नम्बर बढ़वाता हूँ।

इन दिनों मुझे बहुत स्नेही मिलते हैं। जो कभी-कभी ही मिलते हैं, साल में दो-एक बार, उन्हें आते देखते ही समझ जाता हूँ कि वे किस काम से आए हैं। मैं मौसम देखकर ऐसे आनेवाले का काम बता सकता हूँ। जुलाई के पहले हफ्ते में, जब घटा छाई हो, धरा ने हरी चूनर ओढ़ रखी हो, आसपास मोर-पपीहा बोल रहे हों, बिजली नीग्रो सुन्दरी के दाँतों की तरह चमक रही हो, ऐसे सुहावने समय में कोई कई महीने बाद आता दिखे, तो समझ जाता हूँ कि यह गीत गाने नहीं आया, बच्चों को स्कूल-कॉलेज में भर्ती कराने में मदद लेने आया है।

इधर मार्च में जो आता है, नम्बर बढ़वाने या 'पेपर आउट' करवाने आता है। बात यह है कि सारे 'सिलेबस' और 'प्रॉस्पेक्टस' गलत हैं। उनमें उन दो पर्चों का उल्लेख नहीं होता, जो जरूरी होते हैं। एक पर्चा शुरू का और दूसरा आखिरी। पहला चर्चा 'पेपर आउट' करने का होता है और आखिरी नम्बर बढ़वाने का। जो इन्हें अच्छी तरह कर ले, वह पास हो जाता है, पहला दर्जा भी पा सकता है। इन पर्चों को कुछ विद्यार्थी खुद कर लेते हैं। वे प्रतिभावान हैं और उनका भविष्य उज्ज्वल है। कुछ के अभिभावक ये पर्चे करते हैं। ऐसे परमुखापेक्षी विद्यार्थियों का भविष्य संदिग्ध है। उनकी अपेक्षा उनके अभिभावक का फिर भी कुछ भविष्य है।

अध्यापकों से सम्बन्ध होने के कारण मेरे पास दोनों पक्षोंवाले काफी आते हैं। कल जो आए थे, वे मुझे बरात में दो साल पहले पहली और अन्तिम बार मिले थे। मुझे यह पता नहीं था कि उस छोटी मुलाकात में ही उन्होंने इतनी आत्मीयता पैदा कर ली थी कि भाई परीक्षा में बैठने लगा, तो उन्हें मेरी याद सताने लगी। सुना है, विरहिन को बरसात में प्रिय की बड़ी याद सताती है। परीक्षा के मौसम में भी कुछ लोगों का विरह जाग उठता है और उन्हें किन्हीं विशेष परिचितों की याद सताने लगती है। वे कहने लगे—'अमुक प्रोफेसर आपके मित्र हैं। उन्होंने एक पर्चा निकाला है। कुछ 'हिंट' दिला दीजिए न!' मैंने सोचा, किसी से मित्रता है, तो इसका कुल इतना उपयोग है कि जब जरूरत पड़े, उससे गलत काम करा लिया जाए। कोई यह तो कहता नहीं है कि अमुक से आपकी मित्रता है, तो उन्हें समझाइए न कि ऐसा गलत काम न करें। न कोई यह कहता है कि अमुक आपका दुश्मन है तो उससे पेपर आउट करवाकर उस साले का ईमान बिगाड़ दीजिए। नहीं, दुश्मन

सब सुरक्षित हैं। ईमान तो हमेशा मित्र का बिगाड़ा जाएगा। किसी दिन कोई आकर मुझसे कहेगा—'अमुक पुलिस अफसर से आपके अच्छे सम्बन्ध हैं। उनसे कहिए न कि घर में हमें सेंध लगा लेने दें।'

इन सब पर्चा आउट करवानेवालों और नम्बर बढ़वानेवालों पर हँसा भी नहीं जा सकता। इनमें अधिकांश दया के पात्र हैं। ये बेहद परेशान और घबड़ाए हुए लोग हैं। कोई चाहता है कि लड़का पास हो जाए, तो उससे नौकरी करा दें, जिससे परिवार की दुर्दशा कुछ कम हो। किसी को चिन्ता है कि लड़का फेल हो गया, तो और एक साल उसकी पढ़ाई का खर्च कैसे चलाऊँगा। कोई चाहता है कि लड़की पास हो जाए, तो उसकी शादी करके बोझ हलका करूँ। बहुत दुखी और परेशान लोग होते हैं, इनमें कुछ तो इतने दीन होते हैं कि जी होता है, पहले इनके गले लगकर रो लिया जाए!

मेरी परेशानी का कारण दूसरा है। ये अब बेझिझक, निस्संकोच और निर्लज्जता से काम करने लगे हैं। दस साल पहले भी मैं यह काम करा देता था। तब देखता था, नम्बर बढ़वानेवाला बड़ी झिझक, लज्जा और संकोच से कहता था। लोग खुलकर नहीं कहते थे। तब ऐसी दबी-छिपी चिट्ठी आती थी—'अपने दोस्त, रमेशचन्द्र के भाई सुरेश की मोटर साइकिल, जिस पर अंग्रेजी में नम्बर 2431 लिखा है, बिगड़ गई है। वह आपके मित्र सिन्हा के पास सुधरने गई है। आप उसे सुधरवा दें कि कम-से-कम 40 प्रतिशत तो काम देने लगे।' इसका मतलब है कि सुरेश का रोल नम्बर 2431 है। उसका अंग्रेजी का पर्चा बिगड़ा है। सिन्हा उसे जाँच रहे हैं और उनसे 40 प्रतिशत नम्बर दिलवाना है। अब सीधी चिट्ठी आ जाती है। खुला कार्ड तक आ जाता है। तब नम्बर बढ़वानेवाला बड़ी देर संकोच में बैठा रहता था, दुविधा में पड़ा रहता था, यहाँ-वहाँ की बातें करता था और तब कहीं शरमाकर बगलें झाँकता हुआ नम्बर बढ़वाने की बात करता था। अब नम्बर बढ़वानेवाला इस तरह आता है, जैसे बाजार में सब्जी खरीदने जाता है। सीधा मेरी आँखों में देखता है और अधिकारपूर्वक कहता है कि नम्बर बढ़वाने हैं।

दस सालों में यह जो प्रगति हो गई है, यह मुझे परेशान करती है। भयंकर संकोचहीनता है यह। यह साहस मुझे डराता है। मैं इन्तजार करता हूँ कि कोई तो थोड़ा संकोच लेकर आए कि मैं कुछ आश्वस्त हो जाऊँ।

कोई नहीं आता। मुझे लगता है, हम सबने मान लिया है कि आम सड़कें सब बन्द हो गई हैं। उन पर तख्ती टँग गई है—'सड़क मरम्मत के लिए बन्द है।' सालों से ये सड़कें बन्द हैं और सब पगडंडियों से जा रहे हैं। चलते-चलते पगडंडियों के

काँटे और झाड़ियाँ साफ हो गई हैं और वे सड़कों जैसी चिकनी और चौड़ी हो गई हैं। बेझिझक, नंगे पाँव इन पर लोग चल रहे हैं। आम सड़क पर चलनेवाला अब बेवकूफ या पागल समझा जाएगा। अब आम सड़कें खुल भी जाएँ, तो लोग उन पर चलने में झिझकेंगे। मरम्मतवाले भी इसलिए ढीले पड़ गए हैं। मगर उपयोग न होने से आम सड़कों पर झाड़ियाँ और जंगली पौधे उगेंगे और वे ढक जाएँगी। तब किसी को आभास भी न होगा कि इस देश में कहीं आम सड़कें भी हैं।

लगता है, आम सड़कें अब भविष्य के पुरातत्त्ववेत्ता को ही मिलेंगी। वही इन्हें खोजेगा। वह निष्कर्ष निकालकर बताएगा कि उस जमाने में इस देश में आम सड़कें तो थीं, पर कोई उन पर चलता नहीं था। सब पगडंडी पकड़ते थे। अनुपयोग के कारण सड़कें दब गई थीं।

सफलता के महल का सामने का आम दरवाजा बन्द हो गया है। कई लोग भीतर घुस गए हैं और उन्होंने कुंडी लगा दी है। जिसे उसमें घुसना है, वह रूमाल नाक पर रखकर नाबदान में से घुस जाता है। आसपास सुगन्धित रूमालों की दुकानें लगी हैं। लोग रूमाल खरीदकर उसे नाक पर रखकर नाबदान में से घुस रहे हैं।

जिन्हें बदबू ज्यादा आती है और जो सिर्फ मुख्य द्वार से घुसना चाहते हैं, वे खड़े दरवाजे पर सिर मार रहे हैं और उनके कपालों से खून बह रहा है।

आँगन में बैंगन

मेरे दोस्त के आँगन में इस साल बैंगन फल आए हैं। पिछले कई सालों से सपाट पड़े आँगन में जब बैंगन फल उठा तो ऐसी खुशी हुई जैसे बाँझ को ढलती उम्र में बच्चा हो गया हो। सारे परिवार की चेतना पर इन दिनों बैंगन सवार है। बच्चों को कहीं दूर भी बकरी दिख जाती है, तो वे समझते हैं कि वह हमारे बैंगन के पौधों को खाने के बारे में गम्भीरता से विचार कर रही है। वे चिल्लाने लगते हैं। पिछले कुछ दिनों से परिवार में बैंगन की ही बात होती है। जब भी जाता हूँ, परिवार की स्त्रियाँ कहती हैं—'खाना खा लीजिए। घर के बैंगन बने हैं।' जब वे 'भरे भटे' का अनुप्रास साधती हैं, तब उन्हें काव्य-रचना का आनन्द आ जाता है। मेरा मित्र भी बैठक से चिल्लाता है—'अरे भई, बैंगन बने हैं कि नहीं!' मुझे लगता है, आगे ये मुझसे 'चाय पी लीजिए' के बदले कहेंगी—'एक बैंगन खा लीजिए। घर के हैं।'

और तश्तरी में बैंगन काटकर सामने रख देंगी। तब मैं क्या करूँगा? शायद खा जाऊँ, क्योंकि बैंगन चाहे जैसा लगे, भावना स्वादिष्ट होगी और मैं भावना में लपेटकर बैंगन की फाँक निगल जाऊँगा।

ये बैंगन घर के हैं और घर की चीज का गर्व विशेष होता है। अगर वह चीज घर में ही बनाई भी गई हो, तो निर्माण का गर्व उसमें और जुड़ जाता है। मैंने देखा है, इस घर के बैंगन का गर्व स्त्रियों को ज्यादा है। घर और आँगन में जो है वह स्त्री के गर्व के क्षेत्र में आता है। इधर बोलचाल में पत्नी को 'मकान' कहा जाता है। उस दिन मेरा एक दोस्त दूसरे दोस्त को सपत्नीक भोजन के लिए निमंत्रित कर रहा था। उसने पूछा—'हाँ, यह तो बताइए आपका 'मकान' गोश्त खाता है या नहीं?' पत्नी अगर 'मकान' कही जाती है, तो पति को 'चौराहा' कहलाना चाहिए। दोनों की पत्नियाँ जब मिलें, तो एक का 'मकान' दूसरे के 'मकान' से पूछ सकता है—'बहन, तुम्हारा 'चौराहा' शराब पीता है या नहीं?'

लोग पान से लेकर बीवी तक घर की रखते हैं। इसमें बड़ा गर्व है और बड़ी सुविधा है। जी चाहा तब पान लगाकर खा लिया और जी हुआ तब पत्नी से लड़कर जीवन के कुछ क्षण सार्थक कर लिये। कुछ लोग मूर्ख भी घर के रखते हैं। और मेरे एक परिचित तो जुआरी भी घर के रखते हैं। दीवाली पर अपने बेटों के साथ बैठकर जुआ खेल लेते हैं। कहते थे—'भगवान की दया से अपने चार बेटे हैं, सो घर में ही जुआ खेल लेते हैं।'

घर की चीज आपत्ति से भी परे होती है। आदम स्वर्ग से इसलिए निकाला गया कि उसने दूसरों के बगीचे का सेब खा लिया था। माना कि वह बगीचा ईश्वर का था, पर फिर भी पराया था। अगर वह सेब उसके अपने बगीचे का होता, तो वह एतराज करनेवाले से कह देता—'हाँ-हाँ, खाया तो अपने बगीचे का ही खाया। तुम्हारा क्या खा लिया?' विश्वामित्र का 'वैसा' मामला अगर घर की औरत से होता, तो तपस्या भंग न होती। वे कह देते—'हाँ जी, हुआ। मगर वह हमारी औरत है। तुम पूछनेवाले कौन होते हो?' अगर कोई अपनी स्त्री को पीट रहा हो और पड़ोसी उसे रोकें, तो वह कैसे विश्वास से कह देता है—'वह हमारी औरत है। हम चाहे उसे पीटें, चाहे मार डालें। तुम्हें बीच में बोलने का क्या हक है।' ठीक कहता है वह। जब वह कद्दू काटता है, तब कोई एतराज नहीं करता, तो औरत को पीटने पर क्यों एतराज करते हैं? जैसा कद्दू, वैसी औरत। दोनों उसके घर के हैं। घर की चीज में यही निश्चिन्तता है। उसमें मजा भी विशेष है। ये बैंगन चाहे बाजार के बैंगन से घटिया हों, पर लगते अच्छे स्वादिष्ट हैं। घर के

हैं न। मैंने लोगों को भयंकर कर्कशा को भी प्यार करते देखा है, क्योंकि वह घर की औरत है।

वैसे मुझे यह आशा नहीं थी कि यह मेरा दोस्त कभी आँगन में बैंगन का पौधा लगाएगा। कई सालों से आँगन सूना था। मगर मैं सोचता था कि चाहे देर से खिले, पर इस आँगन में गुलाब, चम्पा और चमेली के फूल ही खिलेंगे। बैंगन और भिंडी जैसे भौंड़े पौधों को वह अपने आँगन में जमने नहीं देगा। पर इस साल जो नहीं होना था, वही हो गया। बैंगन लग गया और वह रुचि से खाया भी जाने लगा। मेरे विश्वास को यह दोस्त कैसे धोखा दे गया! उसने शायद घबराकर बैंगन लगा लिया। बहुत लोगों के साथ ऐसा हो जाता है। गुलाब लगाने के इन्तजार में साल गुजरते रहते हैं और फिर घबड़ाकर आँगन में बैंगन या भिंडी लगा लेते हैं। मेरे एक परिचित ने इसी तरह अभी शादी की है—गुलाब के इन्तजार से ऊबकर बैंगन लगा लिया है।

लेकिन इस मित्र की सौन्दर्य-चेतना पर मुझे भरोसा था। न जाने कैसे उसके पेट से सौन्दर्य-चेतना प्रकट हो गई। आगे हो सकता है, वह बेकरी को स्थापत्यकला का श्रेष्ठ नमूना मानने लगे और तन्दूरी रोटी की भट्ठी में उसे अजन्ता के गुफा-चित्र नजर आएँ।

इसे मैं बर्दाश्त कर लेता। बर्दाश्त तब नहीं हुआ, जब परिवार की एक तरुणी ने भी कहा—'अच्छा तो है। बैंगन खाए भी जा सकते हैं।' मैंने सोचा, हो गया सर्वनाश! सौन्दर्य, कोमलता और भावना का दिवाला पिट गया। सुन्दरी गुलाब से ज्यादा बैंगन को पसन्द करने लगी। मैंने कहा—'देवी, तू क्या उसी फूल को सुन्दर मानती है, जिसमें से आगे चलकर आधा किलो सब्जी निकल आए? तेरी जाति कदम्ब के नीचे खड़ी होनेवाली है, पर तू शायद हाथ में बाँस लेकर कटहल के नीचे खड़ी होगी। 'पुष्पलता और कद्दू की लता में क्या तू कोई फर्क़ नहीं समझती? तू क्या वंशी से चूल्हा फूँकेगी? और क्या वीणा के भीतर नमक-मिर्च रखेगी?'

तभी मुझे याद आया कि अपने आँगन में तो कुछ भी नहीं है। दूसरे पर क्या हँसूँ! एक बार मैंने गेंदे का पौधा लगाया था। यह बड़ा गरीब, सर्वहारा फूल होता है। कहीं भी जड़ें जमा लेता है। मैंने कहा—'हुजूर, अगर आप जम जाएँ और खिल उठें, तो मैं गुलाब लगाने की सोचूँ।' मगर वह गेंदा भी मुरझाकर सूख गया। उसका डंठल बहुत दिनों तक जमीन में पड़ा हुआ मुझे चिढ़ाता रहा कि गेंदा तो आँगन में

निभ नहीं सका, गुलाब रोपने की महत्त्वाकांक्षा रखते हो! और मैं उसे जवाब देता—'अभागे, मुझे ऐसा गेंदा नहीं चाहिए जो गुलाब का नाम लेने से ही मुरझा जाए। गुलाब को उखाड़कर वहाँ जम जाने की जिसमें ताकत है, ऐसा गेंदा मैं अपने आँगन में लगने दूँगा।' मेरे घर के सामने के बँगले में घनी मेहँदी की दीवार-सी उठी है। इसकी टहनी कहीं भी जड़ जमा लेती है। इसे ढोर भी नहीं खाते। यह सिर्फ सुन्दरियों की हथेली की शोभा बढ़ाती है और इसलिए इस पशु तक के लिए बेकार पौधे की रूमानी प्रतिष्ठा लोक-गीतों से लेकर नई कविता तक में है। नेल पॉलिश के कारखानों ने मेहँदी की इज्जत अलबत्ता कुछ कम कर दी है! तो मैंने मेहँदी की कुछ कलमें आँगन में गाड़ दीं। दो-तीन दिन बाद आवारा ढोरों ने उन्हें रौंद डाला। मैं दुखी था। तभी अखबार में पढ़ा कि किसी 'हाइड्रो-इलेक्ट्रिक प्लांट' का पैसा इंजीनियर और ठेकेदार खा गए और उसमें ऐसी घटिया सामग्री लगाई कि प्लांट फूट गया और करोड़ों बरबाद हो गए। जो हाल मेरे मेहँदी के 'प्लांट' का हुआ, वही सरकार के उस बिजली के 'प्लांट' का हुआ—दोनों को उजाड़ू ढोरों ने रौंद डाला। मैंने इस एक ही अनुभव से सीख लिया कि—'प्लांट' रोपना, तो उसकी रखवाली का इन्तजाम पहले करना। भारत सरकार से पूछता हूँ कि मेरी सरकार, आप कब सीखेंगी? मैं तो अब 'प्लांट' लगाऊँगा, तो पहले रखवाली के लिए कुत्ता पालूँगा। सरकार की मुश्किल यह है कि उसके कुत्ते वफादार नहीं हैं। उनमें से कुछ आवारा ढोरों पर लपकने के बदले, उनके आसपास दुम हिलाने लगते हैं।

फिर भी भारत सरकार के प्लांट तो जम ही रहे हैं और आगे जम जाएँगे। उसके आँगन की जमीन अच्छी है और 'प्लांट' सींचने को 45 करोड़ लोग तैयार हैं। वे प्लांट भी उन्हीं के हैं। सरकार तो सिर्फ मालिन है।

मेरे इस आँगन का भी कुछ निश्चित नहीं है। बगल के मकान के अहाते से गुलाब की एक टहनी, जिस पर बड़ा-सा फूल खिलता है, हवा के झोंके से दीवार पर से गर्दन निकालकर इधर झाँकती है। मैं देखता रहता हूँ। कहता हूँ—'तू ताक चाहे झाँक। मैं इस आँगन में अब पौधा नहीं रोपूँगा। यह अभागा है। इसमें बरसाती घास के सिवा कुछ नहीं उगेगा। सभी आँगन फूल खिलने लायक नहीं होते।' फूलों का क्या ठिकाना! वे गँवारों के आँगन में भी खिल जाते हैं। एक आदमी को जानता हूँ, जिसे फूल सूँघने की तमीज नहीं है, पर उसके बगीचे में तरह-तरह के फूल खिले हैं। फूल भी कभी बड़ी बेशर्मी लाद लेते हैं और अच्छे खाद पर बिक जाते हैं।

मेरा एक मित्र कहता है कि तुम्हारे आँगन में कोमल फूल नहीं लग सकते। फूलों के पौधे चाहे किसी घटिया तुकबन्द के आँगन में जम जाएँ, पर तुम्हारे आँगन

में नहीं जम सकते। वे कोमल होते हैं; तुम्हारे व्यंग्य की लपट से जल जाएँगे। तुम तो अपने आँगन में बबूल, भटकटैया और धतूरा लगाओ। ये तुम्हारे बावजूद पनप जाएँगे। फिर देखना कौन किसे चुभता है—तुम बबूल को या बबूल तुम्हें? कौन किसे बेहोश करता है—धतूरा तुम्हें या तुम धतूरे को?

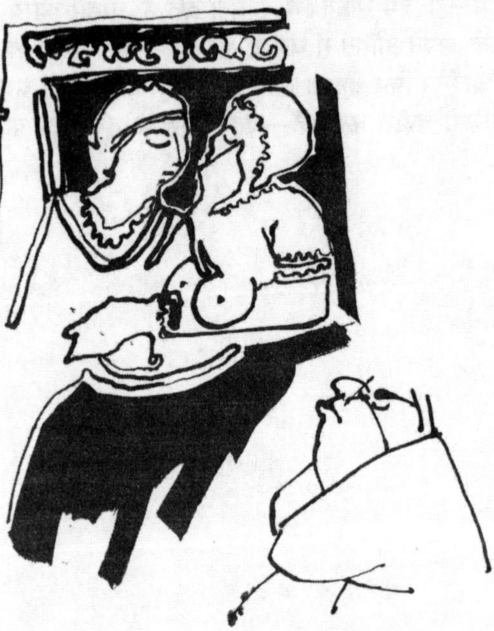

फिर ताज देखा

[इस बार ताज देखते समय मुझे याद आया कि कल-परसों ही भुट्टो ने कहा था कि हमने आठ सौ साल तक भारतीयों को सभ्य बनाने की कोशिश की। मुझे शक हुआ कि हाईस्कूल की पढ़ाई छुड़ाकर जनाब को विदेश-मंत्री बना दिया गया है!—लेखक]

हर शहर का अपना दुख होता है। आगरा के लिए ताजमहल है, तो हमारे जबलपुर के लिए भेड़ाघाट है। बाहरवालों के लिए तो ये सौन्दर्य-स्थल हैं, पर शहरवालों के लिए संकट-स्थल। हर मेहमान सुबह चाय पीते-पीते हमारी प्रार्थनाओं के बावजूद कहता है—'आज भेड़ाघाट दिखा दीजिए।' आगरे में वह मेजबान से कहता है—'चलिए, ताज देख लें।' हम उसे भेड़ाघाट ले जाते हैं और हजारवीं बार उसी नदी, उसी प्रपात और उसी सफेद संगमरमर को देखकर 'बोर' होते हैं। जब वह विभोर

होकर कहता है—'वाह, कैसा सुन्दर दृश्य है!' तब हम मन में कहते हैं—'सो तो ठीक है। पर अब यहाँ से टलिए न!' मेरी तरह आगरावाले ताज से परेशान हैं। मेरे इधर तो प्रकृति ने यह मुसीबत पैदा की है, मगर आगरावालों के लिए तो एक शाहंशाह ने संकट का निर्माण कराया है। क्यों नहीं आगरावालों ने तभी उससे कहा कि जहाँपनाह, आप अपनी बीवी से मुहब्बत करते हैं सो ठीक है, मगर इस झंझट को जरा शहर से दूर बनवाइए।

भेड़ाघाट और ताज, दोनों के बारे में यह भ्रम फैला है कि ये पूर्णिमा की रात को अद्‌भुत सुन्दर लगते हैं। जो मेहमान एकादशी के बाद भी नहीं जाता, उसके पूर्णिमा तक रुकने का खतरा है। वह चाँदनी में इन्हें देखे बिना जा नहीं सकता। ऐसा बिरला होता है, जो शहर में आकर भेड़ाघाट न देखे। मेरा एक दोस्त आया था। एक दिन कहने लगा—'आज भेड़ाघाट देख आते हैं वरना तुम बुरा मानोगे। कहोगे, हफ़्ते-भर रहा, खाया पर हमारा भेड़ाघाट नहीं देखा।' मैंने कहा कि तुम्हारी इच्छा हो तो देखो। उसने कहा—'इच्छा बिलकुल नहीं है। यही डर है कि तुम कहीं बुरा न मान जाओ। देखो, कुछ खयाल मत करना। अगली बार जरूर देख लूँगा।' वह मुझे पहले अच्छा लगा, फिर बुरा। भेड़ाघाट से हम कितने ही परेशान हों, उसकी अवहेलना नहीं सह सकते। जब मेहमान जल-प्रपात देखता है, हम उसका चेहरा देखते हैं। उसके मुँह से तारीफ सुनना चाहते हैं। एक बार एक आगरेवाले ने मेरे दिल को चोट पहुँचाई थी। मैं उसे चाँदनी रात में नौका में घुमा रहा था। ऊपर पूरा चाँद था, दोनों तरफ सफेद संगमरमर। मैंने बड़ी आशा से उससे पूछा—'कहिए, कैसा है?' उसने ठंडे स्वर में कहा—'ठीक है।' मुझे बहुत गुस्सा आया। मन हुआ कि इसे यहीं नदी में फेंक दूँ। जिस दृश्य की प्रशंसा करते लोग नहीं अघाते, उसे यह सिर्फ 'ठीक' कहता है। मैंने उससे बदला ले लिया। ताज दिखाकर जब आगरावाले ने मुझसे पूछा—'कैसा है?' तो मैंने कहा—'कोई खास बात नहीं है।' आगरावाले कटकर रह गए। मैंने बदला ले लिया।

पिछले कुछ सालों से एक प्रकाशक मुझे हर तीन-चार महीनों में ताज दिखाता है। लेखक लोग इस पर विश्वास नहीं करेंगे। वे पूर्वग्रह के शिकार हैं कि कोई प्रकाशक कभी लेखक का भला नहीं कर सकता। मेरा तो कर रहा है। मुझे ताज दिखा रहा है। उसने आगरा में एक मुकदमा दायर कर दिया है, जिसकी पेशी होती है तो मैं आगरा जाता ही हूँ और ताज देखता हूँ।

यों मैंने ताज बहुत बाद में देखा—अभी तीन-चार साल पहले। कवियों ने मुझे उसके खिलाफ भड़का दिया था। साहिर लुधियानवी की कविता पढ़ी थी

कि एक शाहंशाह ने दौलत का सहारा लेकर हम गरीबों की मुहब्बत का मजाक उड़ाया है। इसलिए—'मेरे महबूब कहीं और मिला कर मुझसे' (क्योंकि इधर कभी-कभी बाबूजी घूमने निकल आते हैं)। सुमित्रानन्दन पन्त ने भी लिखा था कि हाय, मृत्यु का ऐसा सुन्दर स्मारक और जीवन की ऐसी अवहेलना! फिर राजा ने जनता के पैसे से अपनी बीवी का स्मारक बनवा लिया। जनता के खून के कतरों से बने इस ताज को मैं कभी नहीं देखूँगा। बाद में मेरा मन बदला। लेनिनग्राड में देखा कि द्वितीय महायुद्ध में नष्ट एक चर्च को रूसी लोग जैसा-का-तैसा बना रहे हैं। वे पीटर महान के सुन्दर महलों को बड़े गौरव के साथ हमें बता रहे थे। मुझे लगा, हमारे कवियों ने ताज के बारे में जल्दबाजी बरती। कच्चे जनवाद के उबाल में उससे नफरत करने लगे। अब तो मैं यह भी सोचता हूँ कि अगर किसी राजा ने अपनी प्रिया की याद में ताज बनवा भी लिया, तो कोई बात नहीं, आज के नए राजा भी यही करते हैं। कॉर्पोरेशन का सदस्य अपने घर के सामने सीमेन्ट की सड़क बनवा लेता है, जिससे प्रिया के पाँव में कंकड़ न गड़े। घर के सामने बिजली का खम्भा लगवा लेता है, ताकि प्रिया अँधेरे से न डरे। प्रजातंत्र में भी हजारों छोटे-बड़े शाहजहाँ हैं। उन्हें जब भी मौका मिलता है, अपनी प्रिया के लिए जनता के पैसे से कुछ कर देते हैं। हर मुमताज उम्मीद लगाए बैठी है कि चुनाव में हमारे शाहजहाँ जीतनेवाले हैं और आगामी मंत्रिमंडल के पुनर्गठन में उन्हें जगह दी जा रही है।

मैंने शाहजहाँ को माफ कर दिया और ताज बार-बार देखने लगा। आगरे के एक 'पवित्र' आदमी ने कहा—'अरे साहब, ताज की छाया में क्या नहीं होता। सैकड़ों जोड़े मिलते हैं।' मैंने कहा—'हाँ साहब, प्रेमियों को ताज जैसे सुन्दर स्थान पर, खुले में, बगीचे में हरगिज नहीं मिलना चाहिए। उन्हें तो गन्दी बदबूदार अँधेरी कोठरियों में मिलना चाहिए—तभी तो हमारी नैतिकता की रक्षा हो सकेगी। सारी नैतिकता पिछवाड़े के दरवाजे से ही तो आती-जाती है।'

इस बार ताज को एक नए सन्दर्भ में देखा। हम ताज के सामने खड़े थे और हर पाँच-दस मिनट में लड़ाकू यान सिर पर घर्राता था। मुझे याद आया कि पाकिस्तान के शासक इस बात पर असन्तोष जाहिर कर चुके हैं कि ताज भारत में ही छूट गया। याद आया कि कल-परसों ही भुट्टो ने कहा था कि हमने आठ सौ सालों तक भारतीयों को सभ्य बनाने की कोशिश की। मुझे शक हुआ कि हाईस्कूल की पढ़ाई छुड़ाकर जनाब को विदेश मंत्री बना दिया है। आठ सौ सालों में क्या हुआ, इस पर बहस व्यर्थ है। इतना निश्चित है कि सिर्फ अठारह साल से हमसे दूर हो जाने के कारण इतने असभ्य हो गए कि अन्तर्राष्ट्रीय सभाओं में सदस्यों को 'कुत्ता' कहने लगे। अच्छा हुआ, ताज यहीं छूट गया। उसके साथ सौन्दर्य-बोध, कला और

संस्कृति भी छूट गई। यों गलत इतिहास पढ़नेवाले सब जगह हैं। पाकिस्तानी शासक चाहें तो ऐसा इतिहास लिखवा सकते हैं, जिसमें अपना सम्बन्ध द्रविड़ सभ्यता से जुड़े—मोहनजोदड़ो उनके हिस्से में आ गया है।

ऊपर से 'नैट' गुजरते हैं और मैं सोचता हूँ कि ताज के ऊपर तोप फिट हो तो यह कैसा लगे? इसके भीतर कभी गोला-बारूद भरा जाए तो? कभी इसमें युद्ध-बन्दी भर दिए जाएँ तो? उधर पाकिस्तान में लोग हैं, जो सौन्दर्य की जात-बिरादरी तय करते हैं, जो कला की नस्ल पूछते हैं। और इधर मेरे देश में भी लोग हैं, जो ताज पर गंगाजल छिड़ककर उसे देखना चाहते हैं। दोनों कला, संस्कृति और मनुष्यता के दुश्मन हैं। मगर इन सबसे ऊपर एक बात है—ढाका रेडियो से सुन्दर रवीन्द्र संगीत आता है और दिल्ली रेडियो से इकबाल की गजल गाई जाती है। मुझे विश्वास है, न ताज का कोई मजहब माना जाएगा और न उस पर गंगाजल छिड़कने की कोशिश होगी।

अन्न की मौत

बाजार में जब गेहूँ का दाना न मिलता हो, तब कोई मित्र अगर 25–30 किलो गेहूँ दे दे, तो देश का भविष्य एकदम उज्ज्वल दिखने लगता है। कल एक मित्र ने 25–30 किलो आटा एक बोरे में भेज दिया था और दुनिया के प्रति मेरी दृष्टि बदल गई थी। दुनिया मुझे उस वक्त बुरी नहीं लग रही थी। जिन मनीषियों ने संसार को दुखमय कहा है, उन्होंने यह तब कहा होगा, जब उनके घर में आटा नहीं होगा। आटा मिलने के बाद भी उन्होंने अपने मत को नहीं बदला। अगर मनीषी भी हम छोटे लेखकों की तरह अपनी रचना को एक बार फिर देख लें, तो दुनिया बहुत-से गलत मन्तव्यों से बच जाए। आटा देखते ही मुझे भविष्य बहुत आशावान लगा। मुझे लगा, वियतनाम में शान्ति होने ही वाली है, निःशस्त्रीकरण होने में अब बहुत देर नहीं है, चीन और पाकिस्तान खुद समझौता करने के लिए भागे आनेवाले हैं।

मुझे ऐसी आशा भी हुई कि मेरे घर में आटा आ गया है, तो राष्ट्र संघ का अर्थ-संकट भी आज हल हो जाएगा।

हम सब खुश और आशावान हो गए। बहन ने सोचा कि कुछ दिन चैन मिलेगा। भानजों ने सोचा कि कुछ दिन गेहूँ की तलाश करने से बचे। हम आटे के बोरे को घेरकर बैठ गए और जैसे जन्म-दिन की 'केक' लोग काटते हैं, वैसे बोरे को खोलने लगे। बोरा खुला तो बदबू का झोंका आया। आटे को पलटा, तो उसमें मरकर सड़ा हुआ चूहा निकला। हम सब सन्न—जैसे जन्म-दिन की 'केक' काटते हुए कोई मर गया हो। सारा आटा रोग बन गया था। हम मुँह लटकाए बैठे थे। कोई किसी से न बोल रहा था, न किसी की तरफ देख रहा था। मुझे लगा, अब वियतनाम-समस्या खतरनाक मोड़ लेगी, राष्ट्र संघ कर्ज में डूब जाएगा, निरस्त्रीकरण नहीं हो सकता और एटमी युद्ध की अब पूरी सम्भावना है।

याद आया, दो साल पहले जब चाचा मरे थे, तब उनकी लाश भी इसी कमरे में यहीं रखी थी और हम इसी तरह सिर लटकाए मौन, आसपास बैठे थे। तब कोई पूछता था, तो बताते कि चाचा निमोनिया से मर गए। आज कोई पूछे तो बताएँगे कि हमारा गेहूँ चूहे से मर गया। चाचा जब उस लोक पहुँचे होंगे तो वहाँ वालों ने पूछा होगा, 'कहिए, पंडित श्यामलाल परसाई, कितने किलो पर चले आए?' चाचा ने कहा होगा, 'भैया, हम तो रुपए के ढाई किलो पर ही चले आए। पता नहीं आगे क्या हो! जीनेवाले भुगतें।' पिता ने, जो रुपए के 20 सेर पर ही चले गए थे, जब सुना होगा, तो परेशान हुए होंगे कि बच्चे बड़ी मुसीबत में हैं।

मैं चूहे को देख रहा था और आटे को। चूहों ने सड़कर हर जीवनदायिनी चीज को प्राणघातक बना दिया है। चूहों ने मेरे ही नहीं, सारे देश के गेहूँ को मार डाला है। ये चूहे खाद्य-व्यवस्था के बोरे में घुसकर वहीं मोटे होकर मर गए और सड़कर सारी व्यवस्था को नष्ट कर दिया। अन्न सब दफना दिया गया। हमें सिर्फ सड़ाँध का अनुभव हो रहा है। मुझे लगता है, सभ्यता के बोरे में ये चूहे घुसकर सड़ गए हैं। मैं कहता हूँ कि तुम अगर उसे आसपास से कुतरो, तो एक हद तक बर्दाश्त किया जा सकता है। मगर कम्बख्तो, उसमें घुसकर सड़ते क्यों हो? खुद तो मरते ही हो, हमारे लिए बदबू और रोग फैलाते हो। हम हर बोरे को खोलकर देखते हैं कि तुम मरकर सड़ रहे हो। क्या तुम हमें इस निष्कर्ष तक पहुँचाना चाहते हो कि हम इस समूची व्यवस्था को दफन कर दें?

सरकार कहती है कि हमने चूहे पकड़ने के लिए चूहेदानियाँ रखी हैं। एकाध चूहेदानी की हमने भी जाँच की है। उसमें घुसने के छेद से बड़ा छेद पीछे से

निकलने के लिए है। चूहा इधर से फँसता है और उधर से निकल जाता है। पिंजड़े बनानेवाले और चूहे पकड़नेवाले चूहों से मिले हैं। वे इधर हमें पिंजड़ा दिखाते हैं और चूहे को छेद दिखा देते हैं। हमारे माथे पर सिर्फ चूहेदानी का खर्च चढ़ रहा है।

इस व्यापक षड्यंत्र से घबड़ाकर सोचा था कि इस साल घर का गेहूँ खाएँगे। जो अमरीका और कनाडा को अपना घर मानते हैं, वे अपने घर का खाएँ। कोई अनाथालय को अपना घर माने तो मैं क्या करूँ? मेरे भाई की थोड़ी-सी जमीन है। उसने मुझसे कहा था कि अपना दो बोरा गेहूँ इटारसी में रखा है। उसे रेलगाड़ी से जबलपुर भेज देंगे। पर वह आया नहीं। मालूम हुआ कि जिलेबन्दी हो गई है। परमिट लेना होगा। साधारण तरीके से परमिट लेना खेती करने से ज्यादा मेहनत लेता है। असाधारण तरीकों से जल्दी मिलता है—इन्हें सब जानते हैं। सोचा, जितनी मेहनत परमिट लेने में लगाएँगे, उतनी मेहनत से तो घर के सामने के मैदान में फसल खड़ी कर लेंगे। हजारों मील दूर अमरीका से पराया गेहूँ तो आ सकता है, पर 150 मील दूर से अपना गेहूँ नहीं आ सकता। अपनी हर चीज की रफ्तार कम हो गई है। विदेशी पैसा कैसे दौड़कर आता है, अपना पैसा रेंगता है। मुझे एक ज्ञानी ने बताया कि अगर तुम यह कह देते कि गेहूँ खाने के लिए नहीं, कालाबाजार में बेचने के लिए ले जा रहे हैं तो आ जाने दिया जाता।

हमसे यह नहीं हुआ। गेहूँ और पेट में 150 मील का अन्तर बना हुआ है। भावना से हम उन बोरों से चिपके हुए हैं। कहते हैं, देवताओं का पेट सिर्फ भावनाओं से भर जाता है। देवता होने का फायदा अब समझ आ रहा है। लेकिन शुरू से आदमी बनने की कोशिश में उधर ध्यान नहीं दिया और अब हो गई बहुत देर। यह पेट आदमी का रह गया, जो भोजन डालने से ही भरता है। पर डेढ़ सौ मील दूर का गेहूँ कैसे खाया जा सकता है? दो तरकीबें हैं। एक तो यह कि हम सब इटारसी जाएँ और जब तक दो बोरे पूरें, उन्हें खाकर वापस लौट आएँ या फिर हर हफ्ते इटारसी जाएँ और हफ्ते-भर के लिए गेहूँ खाकर लौट आएँ। इसमें एक डर है। हम गेहूँ खाकर गाड़ी पर चढ़ने स्टेशन आए, तभी कोई अधिकारी हमारा पेट टटोलकर कहे—'तुम नहीं जा सकते। भरे पेट पर जिलाबन्दी हो गई है।' तब तो हमें पेट खाली होने तक वहीं रुकना पड़ेगा। नहीं, दोनों तरीके अपने काम के नहीं हैं।

अपनी चिन्ता से बचने के लिए मैं अखबार उठाकर देखता हूँ कि दूसरी जगह क्या हाल है। सब कहीं यही हाल है। मुझे सहसा राष्ट्र की एकता का बोध होता है। हे भारत भाग्यविधाता, पंजाब, सिन्ध, गुजरात, मराठा, द्राविड़ उत्कल बंग—सब जगह अन्न को मारकर दफना दिया गया। कोटि-कोटि नर-नारी अन्न-संकट के

सूत्र में बँधकर एक हो गए हैं। भुखमरी और भ्रष्टाचारी हमारी राष्ट्रीय एकता के सबसे ताकतवर तत्त्व बन गए हैं। धर्म, संस्कृति और दर्शन कमजोर पड़ गए हैं। कैसी अद्‌भुत एकता है। पंजाब का गेहूँ गुजरात के कालाबाजार में बिकता है और मध्यप्रदेश का चावल कलकत्ता के मुनाफाखोर के गोदाम में भरा है। देश एक है। कानपुर का ठग मदुराई में ठगी करता है, हिन्दीभाषी जेबकतरा तमिलभाषी की जेब काटता है और रामेश्वरम का भक्त बदरीनाथ का सोना चुराने चल पड़ा है। सब सीमाएँ टूट गईं। अब जरूरी नहीं है कि हैदराबाद का रेड्डी वहीं भूखा मरे। वह पटना में भी मर सकता है, क्योंकि देश एक है। मुनाफाखोरी, कालाबाजारियों, भ्रष्टाचारियों ने मिलकर राष्ट्र को एक कर दिया है। सुन्दर सपनेवाले रवीन्द्रनाथ की उल्लासमयी जिज्ञासा थी कि ये हिन्दू, मुसलमान, पारसी और ईसाई सब किसके आह्वान पर भारत–महामानवसागर में एकत्र हो गए हैं? मैं पूछता हूँ, कवि, वे तो ठीक आए, मगर ये सब जातियों के लुच्चे किसके आह्वान से इधर आए?

एक मंत्री ने अभी कहा है कि यदि गरीबी और भुखमरी है, तो इतने लोग सिनेमा क्यों देखते हैं? उन्हें नहीं मालूम कि भोजन से सिनेमा सस्ता पड़ता है। एक बार के साधारण भोजन में जितना लगता है, उससे आधे दाम में सिनेमा देखा जा सकता है। मन खुश होता है और तीन घंटे भूख भाग जाती है। आदमी एक खाना छोड़कर सिनेमा क्यों न देखे?

तर्क तो मैंने दे दिया, पर यह कैफियत मुझे ही बड़ी डरावनी लग रही है। जो कौम भूखी मारी जाने पर सिनेमा में जाकर बैठ जाए, वह अपने दिन कैसे बदलेगी! अद्‌भुत सहनशीलता है इस देश के आदमी में! और बड़ी भयावह तटस्थता! कोई उसे पीटकर उसके पैसे छीन ले, तो वह दान का मंत्र पढ़ने लगता है।

एक बेकार घाव

शाम को मैंने ईश्वर के सम्बन्ध में शंका प्रकट की थी। दूसरी सुबह मेरी अँगुली कट गई। एक क्षण सोचा कि ईश्वर ने बारह घंटे बाद ही अपने अस्तित्व का बोध करा दिया, 'नहीं मानता, तो ले। अब तो मानेगा।' मैं पछताया कि शाम की उस परिचर्चा में वैसा क्यों बोल गया। मैंने कह दिया था कि ईश्वर तो मर गया। मेरे बाद एक आस्तिक विद्वान ने जायज क्रोध से कहा, 'कौन कहता है कि ईश्वर मर गया? वह न नीत्शे के कहने से मरा, न इनके कहने से मर सकता है। ईश्वर है और जीवित है।' उन्हें पक्का पता होगा। अपनी पहुँच इतनी नहीं है। मैंने जवाब में कहा, 'आप विश्वासियों का रवैया पुलिस सरीखा है। लाख बरामद होने पर ही पुलिस मानती है कि अमुक आदमी मारा गया। आप भी तब तक ईश्वर की मृत्यु पर विश्वास नहीं करेंगे, जब तक उसकी लाश न मिल जाए। पर लाश

पहचानेगा कौन? पुलिस तो मृतक के रिश्तेदारों से शिनाख्त करवा लेती है। आपको क्या पहचान है? कुछ ऐसे हैं, जो मनुष्य माने जाते हैं, पर मुझे ईश्वर की लाश मालूम होते हैं। आप नहीं पहचानते। जब ईश्वर मनुष्य के रूप में लीला करता है, तो उसकी लाश भी मनुष्य के रूप में मिल सकती है।'

बोल तो गया। पर धुकधुकी बनी रही। सुबह जब पाँव की अँगुली कटी, तो कहा, लो, अपना भी आस्तिकता का क्षण आ गया। नाराज ईश्वर के सिवाय, ऐसे चिकने फर्श पर कौन अँगुली काट सकता है? जरा असावधान हो जाता, तो उस वक्त विश्वास करने लगता। सावधान हो गया। सोचा, अपना ईश्वर ऐसा नहीं हो सकता जो जरा-सी बात पर अँगुली काटकर अस्तित्व-बोध कराने लगे। टुच्चों का ऐसा ईश्वर होता होगा। हम तो उसे तब मानेंगे, जब कोई सरकारी पुरस्कार मिलेगा। जो पुरस्कार लेते जाते हैं, पर ईश्वर पर विश्वास नहीं करते, वे अधम हैं। ईश्वर, अविलम्ब उनके पुरस्कार बन्द करा दे। मुझे नहीं लगता कि ईश्वर ने मुझ छोटे आदमी की बात पर ध्यान दिया होगा। उसे बड़े काम लगे रहते हैं। वह बड़े आदमियों का इन्कमटैक्स बचवाए या मुझ क्षुद्र की अँगुली काटे?

उसकी जिम्मेदारी कतई नहीं। मेरी ही असावधानी से ऐसा हुआ। हम एक कोठी के मेहमान थे—हाँ, कोठी के ही—क्योंकि हम अन्त तक नहीं जान सके कि कोठी के मालिक कौन हैं। वे हमें चलाने का काम कोठी पर छोड़कर खुद कारखाना चलाने चले जाते थे। कारखाने को आदमी चलाता है, पर आदमी को कोठी चला लेती है। उस कोठी के संगमरमर के स्नानगृह की काँच जैसी किनार से अँगुली कट गई। दर्द हुआ और दर्द ने दर्शक की माँग की। पीड़ा के गवाह न हों, तो वह बेमजा हो जाती है। बहुत तरह की पीड़ाएँ गवाह देखकर पैदा हो जाती हैं। जैसे कुछ स्त्रियों के पति के घर आते ही सिर दर्द होने लगता है। वहाँ कोई नहीं था। कोई वहाँ कभी नहीं होता था। घंटी की बटन होती थी। सुबह की चाय से लेकर रात के खाने तक सब अपने-आप हो जाता था। यह किसकी कृपा है, हम नहीं जानते थे। आते वक्त हम घंटी की बटन को धन्यवाद देकर चल दिए थे—'धन्यवाद बहनजी, खूब सत्कार किया।' कभी-कभी शक होता था कि कहीं यही तो ईश्वर नहीं है, जो नाश्ता और भोजन देता है। यही तो ईश्वर का स्वभाव है कि छिपा रहता है और उपकार करता है! खैर, मैंने बटन दबाई और मरहम-पट्टी भी आ गई। इस तरह की सभ्यता में सब कुछ स्वचालित, पर निर्मानवीय हो जाता है। इसमें मनुष्यता भी डीजल तत्त्व से चलती है।

मैं समझ गया कि मुझे कोठी ने तो बर्दाश्त कर लिया, पर बाथरूम ने नहीं किया। ज्यादा सही यह होगा कि कोठी ने प्रकट रूप में तो मुझे स्वीकार किया, पर

प्राइवेट में मार दिया। उसने प्रकट रूप में सत्कार किया, पर प्राइवेट में काट लिया। कोठी ऑडिट कराके छपाया हुआ हिसाब है और बाथरूम प्राइवेट हिसाब बही।

मुझे सावधान रहना चाहिए था। खूबसूरत चिकने पत्थर बड़े खतरनाक होते हैं। इन पर पहले तो सिर्फ फिसलने का डर था। मेरे देखते ही बहुत लोग चिकने पत्थरों को कुचलने का हौसला लेकर गए और फिसलकर ऐसे गिरे कि अभी तक उनका सिर पत्थर से चिपका है। अब तो वे इसे अपनी नियति मानने लगे हैं और उठने की कोशिश को बेवकूफी समझते हैं। इधर पत्थरों ने तेज किनार निकाल ली है। कोई मजबूत कदमवाला चले और न फिसले, तो उसका पाँव काट देते हैं।

यह सब मुझे आज सूझ रहा है, जब सात दिनों की मरहम-पट्टी के बाद घाव भर गया है। उस वक्त तो मैं घाव दिखाना और दर्द बाँटना चाहता था। हमारी साहित्यिक पीढ़ी दावा करती है कि जीवन के प्रति सहानुभूति से बढ़कर हम सहभोग तक आ गए हैं। सोचा, कुछ सहभोगियों का दुख बाँटूँ। इनकी सबकी अँगुलियाँ ब्लेड से काट दूँ और हम सब मिलकर सर्वेश्वर की तरह कहें—मेरा दुख मुझसे बड़ा हो गया है। (वैसे सर्वेश्वर को मैंने हमेशा अपने दुख में बड़ा पाया) तो मैंने श्रीकान्त को बताया कि ऐसा हो गया। उसकी पहली प्रतिक्रिया ऐसी हुई, जैसे मेरी अँगुली नहीं, सिर कट गया है। फिर बाथरूम पर गुस्सा आया, 'साला बाथरूम!' और फिर सूली लटके ईसा जैसा भाव आया, मानो कह रहा हो—'भाई, बाथरूम को माफ कर दो! वह नहीं जानता, वह क्या कर रहा है।' मैंने शरद से कहा तो वह किसी मार्क्सवादी मनीषी के अन्दाज में बोला, 'अपना वर्ग छोड़ने का यही नतीजा होता है।' और लोगों को भी बताया। अधिकांश ने कहा, 'अरे! कैसे? कुछ मरहम-वरहम लगा लो।'

मैं तब तक अपने दुख को बहुत महत्त्व देने लगा था। सभी देते हैं। मगर दुख के भी कई स्तर और प्रकार होते हैं। किसका दुख? कैसा दुख? जिसका दुख, उससे अपने को क्या लेना और उसे क्या देना? ये सवाल भी तो जरूरी हैं। किसी मंत्री का जुकाम मेरे निमोनिया के बराबर होगा। मेरी जानकारी में एक मंत्री की जाँघ में फोड़ा हो गया था। उनके आसपास लोग इस तरह बैठे थे, जैसे सबके शरीर में फोड़े-ही-फोड़े हों। प्राचीन इतिहास के एक अध्यापक, जिनकी तरक्की रुकी थी, बता रहे थे कि इतिहास साक्षी है कि प्रियदर्शी अशोक को भी ठीक इसी जगह फोड़ा हुआ था। इस दुख का स्तर ही दूसरा है। वह फोड़ा राष्ट्रीय स्तर का था। राष्ट्रीय स्तर के फोड़े एकदम आदरणीय हो जाते हैं। मेरा घाव 'मरहम-वरहम' स्तर का ही था। दुख के प्रकार भी तो हैं। एक दुख यह है कि रोटी नहीं है। एक दुख यह भी है कि जिसमें रोटी रखते हैं, वह 'फ्रिज' बिगड़ गया है। अगर फ्रिजवाला भूखे का दुख नहीं समझता, तो भूखा भी कहाँ समझता है कि फ्रिज बिगड़ने का

दुख कितना प्राणघातक है। मैं भी उस आदमी के दुख को कहाँ समझता हूँ, जिसके बँगले में सिर्फ 17 प्रकार के 'कैक्टस' हैं और पड़ोसी के यहाँ 21 प्रकार के। 17 वाले का तो जीवन नष्ट हो गया, पर मेरे लिए वह कुछ नहीं। अच्छा कैलेंडर न मिले, तो कुछ लोग आत्महत्या करने की जगह खोजते हैं। रेलगाड़ी लेट होने से बच जाते हैं, यह अलग बात है। मैं इस दुख को भी नहीं समझता, फिर क्यों आशा करूँ कि सब मेरा दुख समझें?

अच्छे घाव से बड़े काम होते हैं। उससे रूठी प्रेमिका लौट आती है। प्रेम की परीक्षा भी हो जाती है। कहते हैं, कृष्ण की अँगुली कट गई थी, तो राधा ने फौरन साड़ी फाड़कर पट्टी बाँध दी। दूसरी गोपियाँ साड़ी के मोह में हार गईं। मुझे लगता है, कृष्ण ने जान-बूझकर अँगुली काट ली थी। यह एक चाल थी। दूसरी गोपियाँ चाल समझ जातीं, तो वे भी साड़ी फाड़कर पट्टी बाँध देतीं। सिर्फ राधा समझी। उसने पट्टी बाँधते हुए मन में कहा होगा, 'बुद्धू, अगर तुझे इससे सन्तोष होता है, तो यही ले।' सजे हुए घावों से लोग मंत्री हो गए हैं। माँ की मृत्यु से एक उम्मीदवार चुनाव जीत गए। पेचिश ने एक रीडर को प्रोफेसर बना दिया। एक बहिनजी को पति ने त्याग दिया, तो सारी पार्टियाँ उनके सामने चुनाव टिकट लेकर खड़ी हो गईं।

घाव अच्छी जगह हो और सजा हुआ, तो बड़े लाभ होते हैं। पैर की अँगुली का घाव सबसे घटिया होता है। पट्टी लपेटकर मोजा बढ़ाकर जूता पहन लिया, तो दिखना भी बन्द हो गया। किसी को दिखाना हो, तो जूते और मोजे खोलो। घाव देखने के लिए किसी के पास इतना वक्त नहीं है। इतनी देर में सट्टे के चार दाँव लग सकते हैं। घाव सिर पर हो और पगड़ी की तरह पट्टी बँधी हो, तो लोग आधा घंटा हाल पूछते हैं। हाथ में चोट हो और हाथ 'स्लिंग' से लटका हो; तो आदमी कितना अच्छा लगता है। ये इज्जतदार घाव हैं। घाव को दुकान के साइनबोर्ड की तरह होना चाहिए। सामने टँगा हो और रंग-बिरंगे बल्ब लगे हों। जो अपना साइनबोर्ड अलमारी में रखता है, उसकी दुकान बरबाद न होगी? दुबारा ऐसा मौका आया, तो कोशिश करूँगा कि पाँव न कटे, सिर फूटे। सिर की चोट का निराला ही मजा है। इस अँगुली के घाव ने तो मुझमें हीनग्रन्थि पैदा कर दी है। एक जख्म और बेकार चला गया।

पेट का दर्द और देश का

कल दिन-भर मैं बिस्तर पर इस करवट से उस करवट होता रहा। बारह बजे दोपहर से सात बजे शाम तक बिस्तर नहीं छोड़ा। सिर्फ बीच-बीच में पानी पीने के लिए उठकर बैठता था। इच्छा होती थी कि लेटे-लेटे ही मुँह में पानी पड़ जाए। मगर ऐसा होने से हो-हल्ला मचता, डॉक्टर आता और जब वह पूछता कि क्या बीमारी है, तो मैं क्या बताता? यह तो कोई बीमारी नहीं हुई कि आदमी इस और उस करवट हो! गधा जब जमीन पर लोटता है, तो वह उसके स्वास्थ्य की निशानी है, बीमारी की नहीं।

बीमारी नहीं थी, पर बेचैन मैं बहुत रहा। रात होती तो इस बेचैनी और करवट-बदल कसरत का एक बड़ा मीठा-सा कारण मान लिया जाता। ऐसी बेचैनी में अगर आदमी बाहर सोया हो और आसमान साफ हो तो तारे गिनने की कोशिश भी की

जाती है। गिन कोई नहीं पाया, क्योंकि सब एक ही तरफ से गिनना शुरू करते हैं और एक-चौथाई तक गिनते-गिनते सुबह हो जाती है। अलग-अलग सिरों से चार विरही तारे गिनें और जोड़ लें, तो सब तारों की संख्या मालूम हो सकती है। मगर मेरा दर्द वह नहीं था, जो रात को उभरता है और तारों की गिनती करवाता है। यह वह दर्द था, जो दिन को भी तारे दिखा देता है। दोनों का कारण प्रेम ही है। एक प्रेम से दिल दुखता है; दूसरे से पेट। मेरा पेट दुख रहा था।

एक बहुत भले आदमी का मेरे प्रति बड़ा प्रेम है। कल जब उनका प्रेम बीच बरसात में बाँध तोड़ने लगा, तो उन्होंने मुझे भोजन करने के लिए बुलाया। कितनी ही तरह की बढ़िया चीजें उन्होंने बनाई थीं। वे हमारे सामने बैठ गए और लड़के-लड़की को परोसने की हिदायतें देते रहे। पहली बार जितना हमारे सामने रखा गया था, उससे आधे में हमारा पेट भर गया और हम धीरे-धीरे पापड़ चुगने लगे। पापड़ का जिसने भी आविष्कार किया है, कमाल किया है। यह भोजन में शामिल भी है और नहीं भी। इसे चुगते हुए बड़े-से-बड़े पेटू का साथ दिया जा सकता है। खाने के सिवा यह मुहावरे बनाने के काम भी आता है, जैसे—पापड़ बेलना और पापड़ तोड़ना। एम.एल.ए. बनने के लिए बड़े पापड़ बेलने पड़ते हैं।

हमारा पापड़ चुगना उन्होंने देख लिया। उन्होंने आवाज लगाई और लड़का-लड़की थोड़ी और गरम खीर और हलुआ डाल गए। सामने वे बैठे खाने पर जोर दे ही रहे थे। थोड़ा खाना ही पड़ा। फिर उनकी पत्नी आईं और यह कहते हुए कि हमने तो अभी खिलाया ही नहीं, और डाल गईं। सामने वे बैठे थे और हमें फिर दो-चार कौर खाना पड़ा। फिर उनकी बहू आई और बिना कुछ कहे, दही-बड़े डालकर झम्म-से लौट गई। वे बोले, 'प्रेम से भोजन करो!' वे हमारे हाथ और मुँह को देखते हुए हमें धमकी देने लगे। फिर उन्होंने आवाज लगाई, 'अरे, गरम पूड़ी ले आओ, ये पूड़ियाँ ठंडी हो गईं।' अब हमने थाली को हाथों से ढाँक लिया। लड़का झिझका। तब वे बोले, 'अरे, ये तेरे से नहीं मानेंगे। ला, मुझे दे। मैं देखता हूँ इनको!' उन्होंने लड़के के हाथ से पूड़ियाँ लेकर हाथ और थाली की सेंध में से डाल दीं।

वे समझे कि हम मिथ्या संकोच के कारण थाली को हाथ से ढाँक रहे हैं। मिथ्या संकोचवाले भी हमने देखे हैं। वे भी थाली पर दोनों हाथ फैला देते हैं, जोर से गर्दन हिलाते हैं, 'नहीं, नहीं' चिल्लाते हैं, पर दोनों हाथों के बीच में इतनी जगह खाली छोड़ रखते हैं कि समझदार परोसनेवाला उनमें से लड्डू डाल दे। इस जगह में से रोटी, सब्जी या भात नहीं छोड़ा जा सकता। यह लड्डू या बर्फी की नाप से छोड़ी जाती है।

हमारे हाथों के बीच में बिलकुल जगह नहीं थी। हमारी 'नहीं' बिलकुल सच्ची थी। पर उन्हें विश्वास नहीं था। फिर तो हमने थाली को उठाकर सिर के ऊपर ओढ़ लिया और पीछे रख लिया, पर उनके सामने एक न चली। गले तक भोजन ठस

गया। डकार आई, तो वह गले तक आकर रुक गई। आगे उसका रास्ता बन्द था। मैंने दाएँ और बाएँ झुककर श्वास-नलिका में जगह बनाकर डकार निकालने की कोशिश की। बड़ी मुश्किल से वह निकली और मुझे कुछ राहत मिली।

मुश्किल से घर आया और बिस्तर पर गिर गया। अंग-अंग में बेचैनी थी। पेट तो खिंचाव के मारे फटा पड़ रहा था। मुँह खोले मैं करवटें बदलता रहा। लगता था कि खीर और हलुआ पाँवों में भी घुस गया है। वे भी दुखते थे।

पड़े-पड़े मैं सोचने लगा—उन्होंने हमें भोजन क्यों कराया? प्रेम के कारण। प्रेम में भोजन क्यों कराते हैं? क्योंकि भोजन से सुख मिलता है।

क्या मुझे सुख मिल रहा है? नहीं।

तो क्या उनका मुझ पर प्रेम नहीं है? फिर क्या वैर है?

एक बार मैं रिश्तेदारी में भी ऐसा ही फँस गया था। जिनके घर भोजन करना था, वे बड़े उत्साह में थे। जोर दे-देकर जब मुझे खूब खिला चुके और तब भी उनका मन नहीं भरा, तब वे उठकर मेरे सामने बैठ गए। अच्छे मोटे-तगड़े आदमी हैं वे। उन्होंने दुश्मन की तरह कठोरता अपने मुँह पर धारण की और एक हाथ से मेरा सिर पकड़कर दूसरे से खीर का कटोरा मुँह में घुसेड़ दिया। मेरा दम फूल गया। मई की दोपहर भी वह। प्यास लगती थी और पानी पिया नहीं जाता था, क्योंकि पेट में जगह ही नहीं थी।

जबर्दस्ती खिलाने के पीछे जो विश्वास काम करते हैं, वे भी अजीब हैं। एक तो हमारा यह विश्वास है कि भरपेट स्वेच्छा से खा लेना, शीलहीनता है। इसलिए आदमी जब किसी के घर खाता है, तो शीलवान बनने के लिए कम खाता है। खिलानेवाला इस बात को जानता है कि यह जो मेरे सामने खाने बैठा है, अभी भूखा है। यह सिर्फ मेरी नजरों में उठने के लिए 'नहीं' कह रहा है। तब वह अपना कर्तव्य समझता है कि उस भूखे पाखंडी को जोर देकर खिलाए। खिलानेवाला जोर न दे तो बहुत-से बेवकूफ भूखे ही उठ जाएँ।

दूसरी तरफ खिलानेवाले का यह विश्वास होता है कि जीवन का परम सुख खाना है। जितना खाएँगे उतना ही सुख मिलेगा। जिसके प्रति हमारा प्रेम है, उसे हम अधिक-से-अधिक सुख देना चाहते हैं। और सबसे बड़ा सुख क्या है? खाना? पेट से उठते-उठते पकवानों का स्तर गले तक आ जाए, तब मेहमान को ज्यादा सुख होगा। गले में जब खाना भर जाएगा, तब तो और आनन्द होगा। अगर नाक-मुँह में खाना ठुँस जाए, तब तो हमारा प्रेम-पात्र परमानन्द में लीन हो जाएगा।

अपनी प्रवृत्तियों को झुठलाने और निस्पृहता का अभिनय करने की अपनी आदत ही पड़ गई है। 'नहीं, नहीं' के बीच में से हम 'हाँ' निकालना चाहते हैं। मना करते-करते दान जेब में ठूँस लेते हैं। जनता के 'आग्रह' के कारण' चुनाव लड़ते हैं। फिर मित्रों के 'दबाव के कारण' अनिच्छा से मंत्री बन जाते हैं। अनिच्छा से, प्रशंसकों पर अहसान करने के लिए सम्मान करा लेते हैं। माला पहनने में भी हमें पीड़ा होती है, पर लोग नहीं मानते। और साहब, आप मरते दम तक पद पर क्यों जमे रहना चाहते हैं? मुझे तो पद का बिलकुल मोह नहीं है, पर जनता नहीं छोड़ने देती!

इसी व्यापक मिथ्याचार में यह भी शामिल है कि मैं तो नहीं खाना चाहता, पर आप जबरन खिला रहे हैं। तब खिलानेवाला भी आपको गले तक ठूँस देता है और आप फिर दिन-भर पेट दबाते हुए इस और उस करवट होइए।

एक तरफ तो अपना यह दम भरना कि हम तो सबके सब आध्यात्मिक विश्वासवाले हैं। भौतिक जगत् के प्रति हमारी अवज्ञा प्रसिद्ध है। देह तो बोझ है। इसकी क्या सेवा-चाकरी?

और दूसरी तरफ भोजन के प्रति यह ममता कि खाने को जीवन का सर्वोत्तम सुख माने बैठे हैं।

एक तरफ तो हमारी देशव्यापी भुखमरी और दूसरी तरफ एक मिथ्या शील-संकोच के निर्वाह में गले तक अन्न ठूँसना और खाए से ज्यादा अनखाया थाली में छोड़ना।

मैं एक और नजर से इसे देखता हूँ। कल जरूरत से ज्यादा खा लेने के कारण मैं 7 घंटे बेकार पड़ा रहा। इसमें से 2 घंटे जायज आराम के निकाल लेता हूँ। 5 घंटे तो बिलकुल बेकार गए। अन्दाज है कि पूरे देश में लगभग 1 लाख आदमी तो रोज किसी के घर निमंत्रण खाते होंगे। इस तरह 5 लाख काम के घंटे रोज बरबाद होते हैं। कितनी बड़ी बरबादी है यह!

बीमारी रगो-रेशे में है। दोपहर का भोजन मुख्य भोजन बना लेने के कारण हम आमतौर पर खूब डटकर पेट भर लेते हैं। फिर दफ्तर जाते हैं तो टेबल पर हाथों के तकिए से सिर टिकाकर ऊँघते हैं। घर में होते हैं तो फैलकर पड़ जाते हैं। किसी भी दफ्तर में 'लंच' के बाद ऊँघनेवाली पलटन देखी जा सकती है। साहब के कमरे में तो आरामकुर्सी खाकर सोने के लिए ही होती है। 1 बजे से 3 बजे तक तो सारा राष्ट्र ऊँघता है।

एक परिचित कल ही बड़े गर्व से कह रहा था, 'भैया, हम तो 1 बजे दफ्तर में ही खाना खाते हैं और फिर टेबल पर अखबार बिछाकर लेट जाते हैं।' मैं सोच रहा था, इसी के भरोसे जवाहरलाल चीन और पाकिस्तान को चुनौती देते हैं।

किसी राजनीतिक दल का ध्यान इस तरफ नहीं है। कोई नहीं सोचता कि क्रान्ति की बुनियाद भोजन की आदत के परिवर्तन पर डालनी चाहिए। 'लंच' को सुधार लें, तो विकास की रफ्तार दुगुनी हो जाएगी।

आर्थिक, सामाजिक क्रान्ति बिना 'लंच' को सन्तुलित किए कैसे आएगी? क्या काम के वक्त दफ्तरों में, दुकानों में, स्कूलों में और घरों में ऊँघनेवाले और पेट पर हाथ फेरनेवाले क्रान्ति लाएँगे।

संकटकालीन स्थिति में भारत रक्षा कानून के अन्तर्गत पहला काम होना था—निमंत्रण को गैरकानूनी करार देना और दूसरा 'लंच' को छोटा तथा सन्तुलित करने के आदेश निकालना। पर यह हो नहीं रहा है। और कल मैं भोजन के आदिम विश्वासों का शिकार होकर दिन-भर करवटें बदलता रहा।

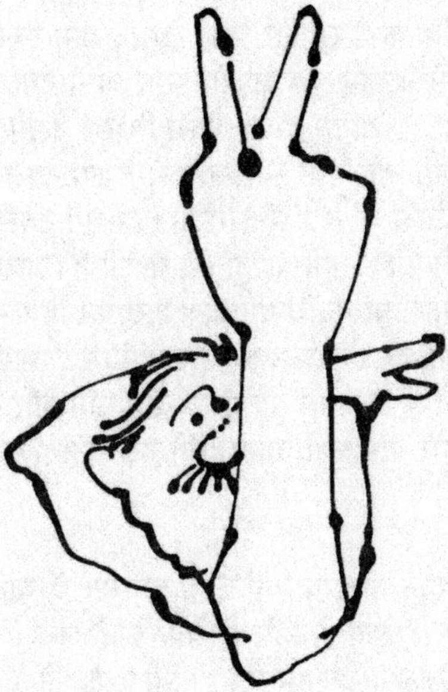

दो छोटी इच्छाएँ

मेरी सिर्फ दो महत्त्वाकांक्षाएँ हैं, जो पूरी होती नहीं दिखतीं। वैसे नए साल में फिर कोशिश करूँगा। शायद महत्त्वाकांक्षा का लक्षण ही यह है कि वह अक्सर पूरी नहीं होती। वैष्णव भक्तों का विश्वास है, उनके ईश्वर ने मत्स्यावतार के बाद महत्त्वाकांक्षा की थी कि अब मैं एकदम मनुष्य का रूप लूँगा। पर अगली बार बेचारे अधिक-से-अधिक वाराह बन पाए। एकदम आदमी बन जाना ईश्वर की औकात से भी बाहर की चीज है।

मेरी ऐसी कोई असम्भव महत्त्वाकांक्षा नहीं है। वे इतनी छोटी-छोटी इच्छाएँ हैं कि लोग उन्हें महत्त्वाकांक्षा ही नहीं मानेंगे। पहली तो यह है कि मैं इन्कम टैक्स दूँ और दूसरी यह कि चेक काटूँ। यह पागलपन कहा जाएगा कि जब आमतौर पर इन्कम टैक्स बचाने की इच्छा की जाती है, तब मैं देने को उत्सुक हूँ। ऐसा भी होता

है। सूखे मरुस्थल में रहनेवाले की इच्छा कभी-कभी समुद्र में डूब मरने की होती है। मैंने भरसक आमदनी बढ़ाने की कोशिश की है और आशा लगाए बैठा रहा हूँ कि कभी सरकार अपने खास इन्कम टैक्स इन्स्पेक्टर से कहेगी कि जाओ, परसाईजी से हिसाब पूछ आओ। मगर अभी तक कोई नहीं आया।

आखिर इन्कम टैक्स विभाग मुझसे कतराता क्यों है? वह शायद जानता है कि हम और तरह से हिसाब से ज्यादा टैक्स दे चुके। हम तो पूरी जिन्दगी इस युग को टैक्स के रूप में दे रहे हैं। हर युग टैक्स माँगता है जिन्दगी के सिक्कों में। जमाने ने कहा—हमें नई दुनिया बनानी है। जाओ, निर्माण कर दो! हमने स्वेच्छा से तिल-तिल करके जिन्दगी देना शुरू कर दिया—बचपन दिया, जवानी दे रहे हैं और आगे भी देंगे। सरकार का इन्कम टैक्स विभाग शायद जानता है कि मैं हैसियत से ज्यादा दे चुका। अब वह मुझसे क्या माँगे और किस मुँह से माँगे! वह बेचारा शर्म के मारे मेरे पास नहीं आता। मैंने उसे माफ किया और यह महत्त्वाकांक्षा भी छोड़ी।

पर चेक काटने की इच्छा मन में बार-बार सिर उठाती है। चाहता हूँ, बैंक में खाता हो और मैं चेक काटूँ। नगर लेन-देन बन्द! मकान-किराया चेक से दूँ। किराया देने पर देर हो जाती है, तो मकान-मालिक कहता है, किसी आगे की तारीख का चेक दे दीजिए। मैं 'हाँ-हूँ' करके बात टाल जाता हूँ और अभी तक उसका यह भ्रम कायम है कि इस आदमी का बैंक में खाता है, पर यह इतना कंजूस है कि पैसा निकालता नहीं है। चाहता हूँ, उसे चेक देकर चकित कर दूँ। दूधवाले और सब्जीवाले को चेक से पैसा चुकाऊँ। पान खाऊँ तो पाँच पैसे का चेक काटकर दूँ। भिखारी पैसा माँगे तो एक पैसे का चेक काटकर उसके कटोरे में डालूँ। दूसरों के मेरे नाम काटे चेक भुनाते बहुत साल हो गए। अब मेरे दिए चेक दूसरे भुनाएँ। दूसरे का चेक लिये मैं बैंक की खिड़की पर कब से खड़ा हूँ। अब मेरा चेक लेकर कोई खिड़की पर खड़ा हो। बाबू दस्तखत पहचानकर कहे, 'अच्छा, परसाईजी का चेक है।' फिर रजिस्टर में देखकर कहे, 'मगर उनका तो कुछ ओवर-ड्राफ्ट है। ठहरिए, मैनेजर से पूछता हूँ।' वह मैनेजर से पूछे तो वह कहे, 'हाँ-हाँ, दे दो। साउंड पार्टी है।' साउंड पार्टी कहलाना कितना बड़ा गौरव है। मैं कब साउंड पार्टी कहलाऊँगा? अभी तो यह स्थिति है कि कोई साउंड पार्टी भी मेरे नाम चेक दे, तो वह 'अनसाउंड' मालूम होता है।

बैंक के संस्कार मुझमें बचपन से ही हैं। बैंकिंग व्यवसाय को भारत में प्रोत्साहन देनेवाला वह दोहा मुझे सातवीं कक्षा में ही पढ़ा दिया गया था। किसी मध्ययुग के कवि का दोहा है—

पानी बाढ़ै नाव में, घर में बाढ़ै दाम।
दोऊ हाथ उलीचिए, यही सयानो काम॥

इस दोहे के अर्थ में एक उलझन थी, जिसे हमारे अध्यापक नहीं सुलझा सके। यह तो स्पष्ट है और सही है कि अगर नाव के छेद में से भीतर पानी आ जाए, तो उसे पुनः दोनों हाथों से उलीचकर नदी में डाल देना चाहिए। पर घर में दाम यानी धन बढ़ जाए, तो उसे उलीचकर सयाना आदमी कहाँ डाल दे? बचपन में तो मैंने कल्पना कर ली थी कि कवि की मंशा है कि उसे बैंक में डाल देना चाहिए। बड़ा हुआ, तब सोचा कि सामन्ती व्यवस्था का कवि बैंक क्या जाने? इसमें कोई दूसरा अर्थ है। नाव का पानी उलीचकर नदी में डाल दो। नदी के पास पानी की 'मोनोपोली' है।—यानी यदि 'मोनोपोली' का पानी किसी छेद में सरककर तुम्हारी नाव में आ जाए, तो उसे फिर 'मोनोपोली' में डाल दो! यही बात धन के बारे में होगी। घर में धन बढ़ जाए तो उसे दोनों हाथों से उलीचकर फिर 'मोनोपोली' में डाल दो। इसे आध्यात्मिक आधार देना है तो यों कहो कि विराट में लघु का विलय होने दो—यही लघु की चरम सफलता और सार्थकता है। अंश-अंशी का यही सम्बन्ध है। सलाह अच्छी है। पर इस अर्थव्यवस्था की नदी पर जो हमारी डोंगी बह रही है, उसमें छेद तो है, पर उसमें 'वॉल्व' लगा है—बाहर से कुछ नहीं आ सकता, अन्दर का ही बाहर जाता है। ये जो दो-चार बूँदें दिखती हैं, आसमान से टपकी हैं। पुराने कवि को हमारी व्यवस्था का ज्ञान नहीं था। उसकी सलाह हमारे किसी काम की नहीं है। युग के अनुकूल सलाह तो हम किसी भी आधुनिक कवि के काव्य से निकाल लेते हैं, जैसे यह सलाह कि यह जो एक 'गर्वभरा मतदाता' दीप अकेला अलग खड़ा है, इसे भी पंक्ति को दे दो। दरवाजे के सामने जो दीनता से सिर झुकाए दीपकों की कतार खड़ी है, उसी में इस गर्वभरे मदमाते को भी खड़ा कर दो। बहुत अकड़ता है कम्बख्त। (अर्थ-विपर्यय हो तो 'अज्ञेय' माफ करें)!

मैं फिर बहका। मेरे आलोचक ठीक कहते हैं कि मैं वैयक्तिक निबन्ध में भी निर्वैयक्तिक हो जाता हूँ। अच्छा, अब फिर वैयक्तिक होता हूँ।

ऐसा नहीं है कि मैंने पैसा जमा करने का प्रयत्न ही न किया हो। जमा करने की पहली शिक्षा देने के लिए पोस्ट ऑफिस सेविंग्ज बैंक है। मैंने एक बार पूरे 200 रुपए जमा कर दिए। पास-बुक मिल गई। उसी के साथ मैंने पैसा निकालने के फॉर्म भी ले लिये। यह शायद शुक्रवार था या शनिवार। सोमवार को 10-30 बजे जब सेविंग्ज बैंक के बाबू ने खिड़की खोली तो काउंटर से सटा मुझे पाया। मुस्कराया वह। पूछा, ''जमा कराना है?''

मैंने कहा, ''नहीं, निकालना है।''

वह बोला, ''पर आपने तो अभी परसों ही...!''

मैंने कहा, "एकदम जरूरत आ पड़ी।" मैंने 50 रुपए निकाल लिये। अब मुश्किल यह पैदा हुई कि सप्ताह में सिर्फ एक बार पैसा निकालने का नियम है। अगले सोमवार तक मुझे प्रतीक्षा करनी पड़ी। फिर तो कुछ हफ्ते यही होता रहा कि ज्यों ही बाबू सोमवार को खिड़की खोलता, मुझे पाता। पहचानने लगा था मुझे। देखते ही मुस्कराकर कहता, "अच्छा, आप डटे हैं!" वह मुझे प्यार करने लगा था। एक सोमवार को मैं नहीं पहुँचा तो दूसरे सोमवार को उसने शिकायत की कि पिछले सोमवार आपके दर्शन नहीं हुए! मैंने 7-8 हफ्ते में बैंक को जिम्मेदारी से मुक्त कर दिया।

चट्टानों में गड्ढा खोदने से कुआँ नहीं बनता। बैंक में खाता खोलना निरर्थक है, यदि उसमें पैसा न डालते जाओ। और पैसा तभी डाला जाएगा, जब बचेगा। बचत के भी बहुत नुस्खे हैं। सबसे लोकप्रिय नुस्खा यह है कि खर्च का हिसाब लिखने से बचत होती है। देखता हूँ कि लोग एक पैसे की धनिया की पत्ती भी लेते हैं, तो उसे लिख लेते हैं और महीने के आखिरी सप्ताह में किसी दोस्त से पाँच रुपए उधार माँगते हैं। मैंने भी एक माह हिसाब लिखा। दूसरे महीने उस हिसाब को देख-देखकर मैं दुबला हो गया। खर्च देखता और हाय करता—हाय, सब्जी इतने रुपयों की खा गए! दूध में इतना खर्च हो गया! हाय, इतनी चाय पी गए। ऐसे खर्च होगा, तो किसी दिन भीख माँगेंगे। दूसरे महीने सब खर्च कम कर दिए। सोचा, अब मन प्रसन्न रहेगा और पैसा भी बचेगा। पर जब महीने के बाद हिसाब देखा तो रोना आ गया। यह दूसरे किस्म की हाय थी—हाय, इतना कम दूध पिया! हाय, इतनी-सी सब्जी खाई! ऐसे भोजन से तो जल्दी मर जाएँगे! हिसाब रखने का मेरे स्वास्थ्य पर बुरा असर पड़ा।

यह तरकीब नाकामयाब रही। और भी कई नुस्खे आजमाए। बचत हुई नहीं। न बचा पाने की क्षमता की मैंने तारीफ भी सुनी। कोई-कोई प्रशंसा के भाव से मुझसे कहते हैं, 'आपको पैसे का मोह नहीं है।' यह बात एकदम गलत है और ऐसी तारीफ करनेवालों के इरादे भी अच्छे नहीं हैं। या तो वे मुझसे पैसा लेना चाहते हैं या मेरा पैसा दबाना चाहते हैं। तभी तो मुझे सुझाते हैं कि भाई तुम तो सन्त हो, तुम्हें पैसे का मोह ही नहीं है। ह्वेन-सांग ने अपने भारत-यात्रा-वर्णन में लिखा है कि इस देश में लोग घरों में ताले नहीं लगाते। यह प्रोपेगेंडा उस समय चोरों ने कर रखा था, जिससे उन्हें खुले घर मिल जाएँ। चीनी यात्री चारों के प्रोपेगेंडा में पड़ गया और निष्कर्ष गलत निकाल लिया—उस समय चोरों का बहुत जोर था, पर वह भोला चीनी समझा कि ईमानदारी फैली है। अपने बारे में निर्मोह के प्रोपेगेंडा से मैं पथ-भ्रष्ट नहीं होता।

मैंने पूरे प्रयत्न करके देख लिए, पर खाता खुला नहीं। तब मैंने उस सिद्धान्त को अपनाया जो असमर्थता को नैतिकता बना देता है—कि इच्छाओं का दमन करो! मैंने चेक काटने की इच्छा को दबा लिया, पर यह झूठा दम्भ था। एक घटना ने इच्छा को दुगुने वेग से उठा लिया। मैं सौ रुपए का चेक भुनाने बैंक गया। खिड़की पर चेक देकर, 'टोकन' हाथ में लिये मैं कैशियर की खिड़की के सामने खड़ा हो गया। और कुछ लोग भी खड़े हुए चेक पास होकर आने की राह देख रहे थे। कैशियर ने मुझे देखा। बोला, "परसाईजी, ऐसे कब तक खड़े रहेंगे! कितने का चेक है?" मैंने रकम बताई, तो उसने सौ रुपए मेरी तरफ बढ़ाते हुए कहा, "आप तो ले जाइए। चेक पास होकर आएगा, तब आएगा।" मैं नोट लेकर मुड़ा तो वहाँ खड़े वे लखपति मुझे कीड़े-मकोड़े नजर आए। बेईमानो, खड़े रहो। तुम्हारा कोई विश्वास नहीं करता। यहाँ मेरा विश्वास किया जाता है। मैंने गर्व से उन्हें देखा और उनके सिर आदर से झुक गए। मैं जब बैंक की सीढ़ियाँ उतरने लगा तो मन में आया कि कोई लखपति ऊपर चढ़ रहा हो, तो उसे धक्का मारकर गिरा दूँ। गनीमत है कि कोई उस वक्त सीढ़ियाँ चढ़ा नहीं, वरना शहर में एक लखपति कम हो जाता।

चेक काटने की इच्छा ने मुझे फिर बेचैन कर दिया। जिसकी बैंक में इतनी इज्जत है, उसका खाता जरूर होना चाहिए। एकाध ईमानदार आदमी का भी तो खाता हो। एक दिन एक मित्र के साथ मैं इसी बात पर चर्चा कर रहा था। हम लोगों ने सोचा कि जिसकी बैंक में इतनी प्रतिष्ठा है, उसे खाता क्या, बैंक ही खोल देना चाहिए। सलाह पक्की हो गई कि हम दोनों मिलकर एक बैंक खोल दें। पिछले दो-तीन सालों में दो-तीन बैंक फेल हो चुके हैं और जनता को इस समय एक विश्वसनीय बैंक की जरूरत भी है। बैंक चलता रहा, तो जनता को फायदा होगा। फेल हो गया, तो अपने को लाभ होगा। हमारी योजना बन चुकी थी। हमारे एक मित्र एक बैंक में मैंनेजर हैं। उन्होंने वायदा भी कर लिया था कि मैं यह नौकरी छोड़कर आपके बैंक में आ जाऊँगा। तैयारी हमारी पूरी हो गई थी कि इतने में चीनी हमला हो गया और योजना ठप्प हो गई। बैंक खोलने के चक्कर में न पड़ते, तो शायद इस बार खाता खुल ही जाता।

कन्धे श्रवणकुमार के

एक सज्जन छोटे बेटे की शिकायत करते हैं—कहना नहीं मानता और कभी मुँहजोरी भी करता है। और बड़ा लड़का? वह तो बड़ा अच्छा है। पढ़-लिखकर अब कहीं नौकरी करता है। सज्जन के मत में दोनों बेटों में बड़ा फर्क है और यह फर्क कई प्रसंगों में उन्हें दिख जाता है। एक शाम का प्रसंग है। वे नियमित सन्ध्यावन्दन करते हैं (यानी शराब पीते हैं), कोई बुरा नहीं करते। बहुत लोग पीते हैं। गंगाजल खुलेआम पीते हैं, शराब छिपकर—गो शराब ज्यादा मजा देती है। आदमी बेमजा बात खुलकर करता है। और बामजा को छिपकर, याने सुख शर्म की बात मानी जाती है।

लेकिन बात उन सज्जन की उठी थी। उन्हें सोडा की जरूरत पड़ती है। बड़ा लड़का कहते ही फौरन किताब के पन्नों में पेंसिल रखकर सोडा लेने दौड़ जाता

था। लाता छोटा भी है, पर फौरन नहीं उठता। पैराग्राफ पूरा करके उठता है। भारतीय पिता को यह अवज्ञा बरदाश्त नहीं। वह सीमान्तों पर सम्बन्ध रखता है। या तो बेटे को पीटेगा या उसके हाथ से पिटेगा। बीच की स्थिति उसे पसन्द नहीं। छोटा बेटा भी हरकत करता है। पिता जल्दी मचाते हैं, तो कह भी देता है, 'जाता तो हूँ!' उसके मन में सवाल और शंका भी उठती है। सोचता है—यह पिता फीस रोकर देता है, कपड़े बनवाना टालता जाता है, फिर यह नहीं सोचता कि इसे पढ़ाई के बीच से नहीं उठाना चाहिए।

बड़े लड़के के मन में कभी सवाल और शंका नहीं उठे। वह मेरी ही उम्र का होगा। उसने वही किताबें पढ़ी होंगी, जो मैंने पढ़ी थीं। हम सब गलत किताबों की पैदावार हैं। ये सवालों को मारने की किताबें थीं। स्कूल प्रार्थना से शुरू होता था—'शरण में आए हैं हम तुम्हारी, दया करो हे दयालु भगवन!' क्यों शरण में आए हैं, किसके डर से आए हैं—कुछ नहीं मालूम। शरण में आने की ट्रेनिंग अक्षर-ज्ञान से पहले हो जाती थी। हमने गलत किताबें पढ़ीं और आँखों को उनमें जड़ दिया। छोटा लड़का दूसरी किताबें पढ़ता है और आँखें उनमें गड़ाता नहीं है, आसपास भी देख लेता है। वह अपनी आँखों को फूटने से बचाने की कोशिश कर रहा है। इससे सारे पिता-स्वरूप लोग परेशान हैं—भौतिक पिता, गुरु, बड़े-बूढ़े, शासक और नेता। हमारी किताबों में पिता-स्वरूप लोग सवाल और शंका से ऊपर होते थे। शिष्य पक्षपाती गुरु को अँगूठा काटकर दे देता था और दोनों 'धन्य' कहलाते थे। अब शिष्य उपकुलपति से रिपोर्ट कर देता है कि अमुक अध्यापक शिष्यों के अँगूठे कटवाते हैं। यदि उपकुलपति ध्यान नहीं देते, तो वह विद्यार्थियों का जुलूस लेकर विश्वविद्यालय पर धावा बोल देता है।

हमें तो तीसरी कक्षा में ही उस भक्त की कथा पढ़ा दी गई थी, जो अपने पुत्र को आरे से चीरता है। कुछ लोगों के लिए आदमी और कद्दू में कोई फर्क नहीं। दोनों ही चीरे जा सकते हैं। उस भक्त का नाम मोरध्वज था। ऐसी सारी कथाओं का अन्त ऐसा होता है जिससे चिरनेवालों को प्रोत्साहन मिले। भगवान प्रकट होते हैं और जिस पार्टी का जो नुकसान हुआ है, पूरा कर देते हैं—मृत को जिला देते हैं, जायदाद चली गई है, तो वापस दिला देते है, किसी को मुआवजे के रूप में स्वर्ग भेज देते हैं। कथा के इस अन्त ने कितनी पीढ़ियों को आरे से चिरवा दिया होगा।

इस कथा पर न मैंने शंका की थी, न सज्जन के बड़े बेटे ने। मगर छोटा लड़का पूछेगा—पिताजी, चीरने से पहले यह बताइए कि भगवान इससे खुश होते हैं इसका सबूत क्या है? फिर इसकी क्या गारन्टी कि वे आ ही जाएँगे? उन्हें हजार काम लगे रहते हैं। फिर इसका क्या भरोसा कि वे कटे को जोड़ देते हैं? अगर यह सब हो भी, तो भी आपके सत्यकल्पित विश्वास आपके अपने हैं। उनके लिए आप अपने

को कटवाइए और अपना हठ निभाइए। पहले जन्मे लोग अपनी सही-गलत मान्यता के लिए पीछे जन्मों को क्यों काटें? एक पीढ़ी के विश्वासों के लिए दूसरी पीढ़ी क्यों चीरी जाए?

लड़के मुँहजोरी करने लगे हैं। कम्बख्तों की किताबें बदल गई हैं। कोर्स इतनी जल्दी क्यों बदलने लगे हैं? बड़े लड़के से कह दिया था कि अपनी किताबें सँभालकर रखना, छोटे के काम आएँगी! पर किताबें बदल गईं। पुरानी किताबें किसी के काम नहीं आ रही हैं। एक ही किताब पीढ़ियों क्यों नहीं चलती?

पिताओं की यह चिन्ता है। बड़ा लड़का फौरन किताब में पेंसिल रखकर सोडा लेने भाग जाता था। छोटा पैराग्राफ पूरा करके उठता है।

भीष्म की कथा भी हमें तभी पढ़ा दी गई थी। हमने भीष्म को 'धन्य' कहा था। छोटा लड़का शान्तनु को 'धिक्कार' कहेगा। 'धन्य' और 'धिक्कार' की जगहें बदल गई हैं। लोगों को पता नहीं है। छोटा लड़का भीष्म से कहेगा—क्या तुमने भी वही किताबें पढ़ी थीं, जो हमारे बड़े भाई ने? तुम पिता से क्यों नहीं कह सके कि जीवन-भर के भोग के बाद भी आपकी लिप्सा बनी हुई है, तो मैं क्या करूँ? अपना संयम दे सकता, तो थोड़ा दे देता, जीवन कैसे दे दूँ? राज्य से आप मुझे वंचित कर सकते हैं, पर मनुष्य का स्वाभाविक अधिकार मैं हरगिज नहीं छोड़ूँगा।

छोटा टिप्पणी करेगा—भीष्म ऐसा नहीं कह सके। उन्हें पिता ने आदमी से तीर चलानेवाली मशीन बना दिया। ऑटोमैटिक धनुष! महाभारत का यह सबसे भला, तेजस्वी, आदरणीय, ज्ञानी व्यक्ति सबसे दयनीय भी है।

मगर देख रहा हूँ कि श्रवणकुमार के कन्धे दुखने लगे हैं। वह काँवड़ हिलाने लगा है। काँवड़ में अन्धे परेशान हैं। विचित्र दृश्य है यह। दो अन्धे एक आँखवाले पर लदे हैं और उसे चला रहे हैं। जीवन से कट जाने के कारण एक पीढ़ी दृष्टिहीन हो जाती है, तब वह आगामी पीढ़ी के ऊपर लद जाती है। अन्धी होते ही उसे तीर्थ सूझने लगते हैं। वह कहती है—हमें तीर्थ ले चलो। इस क्रियाशील जन्म का भोग हो चुका है। हमें आगामी जन्म के भोग के लिए पुण्य का एडवांस देना है। आँखवाले की जवानी अन्धों को ढोने में गुजर जाती है। वह अन्धों के बताए रास्ते पर चलता है। उसका निर्णय और निर्वाचन का अधिकार चला जाता है। उसकी आँखें रास्ता नहीं खोजतीं, सिर्फ राह के काँटे बचाने के काम आती हैं।

कितनी काँवड़ें हैं—राजनीति में, साहित्य में, कला में, धर्म में, शिक्षा में। अन्धे बैठे हैं और आँखवाले उन्हें ढो रहे हैं। अन्धे में अजब काँइयाँपन आ जाता है। वह खरे और खोटे सिक्के को पहचान लेता है। पैसे सही गिन लेता है। उसमें टटोलने

की क्षमता आ जाती है। वह पद टटोल लेता है, पुरस्कार टटोल लेता है, सम्मान के रास्ते टटोल लेता है। बैंक का चेक टटोल लेता है। आँखवाले जिन्हें नहीं देख पाते, उन्हें वह टटोल लेता है।

नए अन्धों के तीर्थ भी नए हैं। वे काशी, हरिद्वार, पुरी नहीं जाते। इस काँवड़वाले अन्धे से पूछो—कहाँ ले चलें? वह कहेगा—तीर्थ! कौन-सा तीर्थ? जवाब देगा—कैबिनेट! मंत्रिमंडल! उस काँवड़वाले से पूछो, तो वह भी तीर्थ जाने को प्रस्तुत है। कौन-सा तीर्थ चलेंगे आप? जवाब मिलेगा—अकादमी, विश्वविद्यालय!

मगर काँवड़ें हिलने लगी हैं। ढोनेवालों के मन में शंका पैदा होने लगी है। वे झटका देते हैं, तो अन्धे चिल्लाते हैं—अरे पापी! यह क्या करते हो? क्या हमें गिरा दोगे? और ढोनेवाला कहता है—अपनी शक्ति और जीवन हम अन्धों को ढोने में नहीं गुजारेंगे। तुम एक जगह बैठो। माला जपो। आदर लो, रक्षण लो। हमें अपनी इच्छा से चलने दो। अनुभव दे दो, दृष्टि मत दो। वह हम कमा लेंगे।

राजनीति, साहित्य आदि तो बड़े प्रगट क्षेत्र हैं। अप्रगट रूप से भी, विभिन्न क्षेत्रों में श्रवणकुमार काँवड़ उतारने के लिए हिला रहे हैं। वे किन्हीं विश्वासों की आरी से चिरने को तैयार नहीं हैं। मैं कॉफी हाउस के कोने में बैठे उस युवक की बात नहीं कर रहा हूँ, जिसने गुस्से में दाढ़ी बढ़ा ली है, जैसे उसकी दाढ़ी एक खास साइज और आकार की होते ही क्रान्ति हो जाएगी। बढ़ी दाढ़ी, ड्रेन पाइप और 'सो ह्वाट' वालों से यह नहीं हो रहा है। चुस्त कपड़े, हेयर स्टाइल और 'ओ वंडरफुल' वालियों से भी यह नहीं हो रहा है। ये तो न विश्वास में सच्चे, न शंका में। यह बिना प्रदर्शन और शोर-शराबे के घरों और परिवारों में हो रहा है। सुशील, विनम्र और आज्ञाकारी युवक-युवती काँवड़ें उतारने लगे हैं, किसी के विश्वास के आरे से कटने से इनकार करने लगे हैं। एक परिचित हैं, जिनका ज्योतिष में विश्वास है। उनकी शिक्षिता जवान लड़की है। जिससे वह शादी करना चाहती थी, उससे ग्रह नहीं मिले। एक-दो और योग्य वरों से मिलान किया, पर ग्रह यहाँ भी नहीं मिले। उसके ग्रहों ने किसी नालायक से मिलने के लिए स्थिति सँभाली होगी। लड़की एक-दो साल घुटती रही। एक दिन उसने नम्रता से परिवार से कह दिया—'आप लोगों का इस ज्योतिष में विश्वास है, पर मेरा नहीं है। जो मेरा विश्वास ही नहीं है, उस पर मेरा बलिदान नहीं होना चाहिए।' परिवार कुछ देर तो चमत्कृत रहा, फिर उसकी इच्छा से शादी कर दी।

देख रहा हूँ कि मोरध्वज का आरा छीनकर फेंका जा रहा है। श्रवणकुमार के कन्धे दुखने लगे हैं। वह काँवड़ को उतारकर रखने लगा है।

वे सज्जन परेशान हैं। छोटा लड़का पैराग्राफ पूरा करके उठता है। बड़ा तो फौरन पेंसिल रखकर दौड़ जाता था।

सड़क बन रही है

सामने सड़क बन रही है। मैं बैठा-बैठा देख रहा हूँ। गिट्टियों को कुचलनेवाला भयंकर रोलर दिन-भर धड़धड़ाता रहता है। बचपन से देख रहा हूँ, यह सड़क का रोलर वैसा ही भयंकर और बेडौल है। इस बीच दुनिया के सारे कुचलनेवाले सुडौल हो गए। साम्राज्यवाद ने पहले ही कुरूपता त्यागकर सुन्दर रूप ले लिया है। कुचलनेवाले को निरन्तर सुडौल होते जाना चाहिए, तभी कुचले जानेवाले उसे अपने ऊपर चलने देते हैं। मगर यह रोलर वैसा ही विकर्षक है। उसे नहीं मालूम कि खूबसूरत डीजल इंजन चलने से आत्महत्याओं की संख्या बढ़ी है। अगर यह रोलर होता, तो एक भी गिट्टी उचककर न भागती।

यह सड़क कौन बनवा रहा है? क्यों बनवा रहा है? अभी तो चुनाव के कई महीने हैं। अभी से पैसा क्यों बरबाद किया जा रहा है? निर्वाचन-केन्द्रित जन-कल्याण में सड़क मतदान के एक दिन पहले ही बननी चाहिए।

यह क्या ऊटपटाँग सोचने लगा। पिछले कुछ सालों में मन की ऐसी वृत्ति हो गई है कि अच्छी चीज भी देखता हूँ, तो बुरी बातें मन में आती हैं। पहले कोयल का स्वर स्वाभाविक मीठा लगता था। अब वह कूकती है, तो शक होता है कि इसने किसी संगीत विद्यालय में नौकरी के लिए दरख्वास्त दी है और सिफारिश कराना चाहती है। कोई आदमी मुहल्ले में 'मौत मट्टी' में ज्यादा शामिल होता है, तो सोचता हूँ, यह अगली बार वार्ड मेम्बरी का चुनाव लड़ेगा। जिसे वोट नहीं चाहिए, वह क्यों किसी के दुख में शामिल होगा?

सड़क बन रही है तो यह अच्छी बात है। यह बिना मिलावट के अच्छी बात है। मगर मन में मिलावट हो गई है। तो मैं बैठा-बैठा सोच रहा हूँ कि इस सड़क में से किसका बँगला बन जाएगा? किसके अहाते की दीवार उठ जाएगी? बड़ी इमारतों के पेट से बँगले पैदा होते मैंने देखे हैं। एक हॉस्टल की इमारत शहर में बनी और बँगला पैदा हुआ तो 4-5 मील दूर उपनगर में गिरा। बड़ा चमत्कारी प्रसव है। आल्हा-ऊदल की कथा में ऐसा प्रसंग है कि भैंस गढ़ महोबे में ब्याई तो बच्चा फर्रुखाबाद में जाकर गिरा। इमारत से बँगला प्रगट होता तो स्वाभाविक है, पर सड़क के पेट से बँगला पैदा होना चमत्कार है—भैंस के पेट से कुत्ता पैदा होने की तरह। सड़क बनवाने के पुण्य के प्रताप से ऐसा होता होगा। दशरथ की रानियों को यज्ञ की खीर खाने से पुत्र हो गए थे। पुण्य का प्रताप अपार है, अनाथालय में से हवेली पैदा हो जाती है।

बुरी बातें हैं ये। मगर मैं क्या करूँ? मन में उठती हैं, तो क्या सारी जिम्मेदारी मेरी है?

अच्छा, सड़क पर लौटता हूँ और कुछ मीठी बात सोचता हूँ। पहले यह सड़क ऊबड़-खाबड़ थी, गिट्टियाँ निकली हुई थीं। सुन्दरियाँ इस सड़क पर चलतीं तो डरता कि कहीं पाँवों में गिट्टी न गड़ जाए। जब सड़कें नहीं थी, 'गैल' थी तब गैल चलती सुन्दरी के पाँव में काँटा गड़ता था। इस प्रसंग का वह खूब प्रचलित लोक-गीत सबने सुना होगा—'काँटा लागा रे बालमवा मोसे गैल चली ना जाए।'—नायक काँटा निकालता था। यह बड़ा रसमय प्रसंग होता था। चतुर नायिका जान-बूझकर काँटा गड़ा लेती थी या बिच्छू से कटवा लेती थी। अब कंक्रीट की सभ्यता ने रस-धारा के ऊपर पक्का पुल बना दिया है। ऊपर से अछूते निकल जाइए। कंक्रीट की सड़कों पर काँटे नहीं गड़ते, दुर्घटना होती है; और दुर्घटना कोई रसमय प्रसंग नहीं है—गो प्रेम की फिल्म इससे भी बन सकती है। स्त्री की जिन्दगी में कातरता के मौके कम होते जा रहे हैं। एक ही मौका बढ़ा है—जब वह परीक्षा में फेल होती है। मगर यह भी कातरता से ज्यादा लज्जा का प्रसंग है।

कातरता का एक दृश्य और इन सड़कों पर दिखता है। नायक स्कूटर को तेज दौड़ाता है, तब पीछे की सीट पर बैठी नायिका डरकर उसे जकड़ लेती है। पुराने

जमाने में नौका-विहार में ऐसे प्रसंग आते थे। भय-कातर सुन्दरी पुरुष को हमेशा अच्छी लगी है। बेवकूफ हो, तब तो और अच्छी लगती है। पुरुष पूछता है—'तुमने वह कबूतर कैसे उड़ा दिया?' सुन्दरी ने दूसरा भी उड़ाकर कहा, 'ऐसे!' पुरुष इस बेवकूफी पर मुग्ध हो जाता है। वाह, कितनी उच्चकोटि की मूर्खा है। यह प्रसंग प्रेम और राजनीति दोनों के इतिहास में चला गया।

कातर और बेवकूफ स्त्री पुरुष को क्यों अच्छी लगती है? शायद इसलिए कि उसका अपना भिन्न व्यक्तित्व तो दूर, अस्तित्व तक नहीं हो पाता। वह पूरी तरह किसी का हिस्सा बनकर रह जाती है। बहुत-सी स्त्रियाँ होती हैं जो उम्र और शिक्षा के बावजूद जीवित प्राणी न होकर किसी का 'लगेज' होती हैं। उनका अपना स्वर नहीं होता, वे सिर्फ प्रतिध्वनि होती हैं। बुद्धि, भावना, इच्छा तक अपनी नहीं होती। अगर उनसे पूछो—देवीजी, आज मौसम कैसा है? तो वे आसमान की तरफ न देखकर उसकी तरफ देखेंगी, जिसका हिस्सा हैं। इस आशय से कि क्यों, बता दें कि नहीं। क्या बताएँ? तुम्हीं न इन्हें बता दो कि कैसा मौसम है।

फिर सड़क की बात करता हूँ। मुहल्ले के सारे आवारा कुत्ते पिट चुके। बच्चों को गिट्टी के ढेर मिल गए। मिट्टी के ढेले से कुत्ते को मारने में वह मजा नहीं है, जो गिट्टी से मारने में। बच्चों को आवारा कुत्तों को मारने का अभ्यास हो जाए, तो अच्छा है। आगे चलकर ये देश को सँभालेंगे। एक ही आशंका है—इन्हें ऊँची नस्ल के कुत्तों को मारने का अभ्यास नहीं हो रहा है। ऊँची नस्ल का चाहे कुत्ता ही क्यों न हो, दबंग होता है। जूठन चुराकर खानेवाले घटिया कुत्ते ही पिट रहे हैं। 10 किलो अनाजवाला जेल जा रहा है, 10 ट्रक चोरी से बेचनेवाला अटारी में बेखटके रहता है। पाँच रुपए घूसवाला पकड़ा जाता है, पाँच लाखवाला पकड़नेवाले को 'डिसमिस' करा देता है। अल्सेशियन पर ये बच्चे भी गिट्टी नहीं फेंकते।

मेरे सामने एक कैलेंडर टँगा है। तस्वीर में एक बच्चा फौजी पोशाक पहने बर्फ पर बैठा है। सामने शिवलिंग है और बगल में राइफल संगीन के जरिए बर्फ में गड़ी है। बच्चा हाथ जोड़े बैठा है। स्कूल जाते हुए बच्चे का चित्र नहीं है। पाकिस्तान में भी स्कूल जाते बच्चे का चित्र नहीं मिलेगा। चीन में भी नहीं। सब जगह राइफल। इधर तो बच्चा राइफल के साथ शिव को नमन कर रहा है। पाकिस्तान का बच्चा किसकी मूर्ति को नमन करता होगा? मूर्तिपूजा वहाँ है नहीं और अय्यूबखाँ देवता नहीं बने। चीन में माओ-त्से-तुंग देवता बन गए हैं। तो राइफल और माओ की मूर्ति चीनी बच्चे के सामने होगी। हमारे यहाँ का सिख ट्रक ड्राइवर कहता है—रास्ता खराब था जी, मगर वाहे गुरुजी की किरपा से मजे में चले आए। हिन्दू ड्राइवर कहता है—ईश्वर की कृपा से रास्ता ठीक कट गया। मुसलमान ड्राइवर कहता है—खुदा का शुक्र है कि ट्रक किसी तरह आ गया। चीन का ड्राइवर कहता

है—माओ के विचारों के प्रताप से बिना दुर्घटना के ट्रक आ गया। बिना देवता के शायद आदमी का काम नहीं चलता। देवता बदलते जाएँ, यह अलग बात है। अमरीका के कैलेंडर का बच्चा किसे नमन करता होगा? क्या राइफल और लिंकन को? लिंकन को नमन करके क्या वह वियतनाम जाता होगा? अभागा बच्चा होगा वह।

यों ये सभी बच्चे अभागे हैं, दुनिया-भर के, जिनके सामने इनके बुजुर्ग राइफल और देवता को रख देते हैं। यह मेरे सामने का बच्चा भी कम अभागा नहीं है। इसके हिस्से का दूध राइफल पी रही है।

बहुत 'वल्गर' (गँवारू) है यह चित्र। मगर यह देशभक्ति का चित्र है। मुझे लगता है, दुनिया में कहीं का हो, देशभक्त थोड़ा 'वल्गर' होता ही है।

गिट्टी के ढेर में से बची कचूमर मुहल्ले के बच्चे लाकर घरों के सामने डाल रहे हैं। कीचड़ से बचाव होगा। बच्चों को सफलता का रहस्य मिल रहा है। जो सड़क पर की चीज को घर में डाल ले, वह इस जमाने में सफल होता है।

रोलर फिर धड़धड़ाता आ गया है। सोचता हूँ, यह कुचलने की ताकत कायम रखकर थोड़ा सुडौल क्यों नहीं हो जाता? गुजरे जमाने का उपनिवेशवादी कब तक बना रहेगा? मॉडर्न क्यों नहीं होता?

डेंगू, अध्यात्म और लेखक

इधर एक बीमारी फैली है। नाम उसका भयंकर है—'डेंगू'। तेज बुखार और शरीर में बहुत पीड़ा। जोड़ टूट जाते हैं। जनभाषाओं में 'हड्डीतोड़ बुखार' कहलाती है। हिम्मततोड़ भी है। अगर इस बीमारी का नाम 'डेंगू' न होकर 'मधुरिमा' होता, तो बीमारी के पहले कोई डरता नहीं। हो जाती, तो दर्द कम अखरता। मरीज सोचता, यह तो मधुरिमा है। तपेदिक का नाम 'राजयक्ष्मा' कितना अच्छा है। और 'कारोनरी थ्राम्बासिस' से रोगी समझ ही नहीं पाता कि जरा देर में खटिया खड़ी होनेवाली है। रोग कितना ही बुरा हो, नाम अच्छा होना चाहिए। अमरीकी शासक हमले को 'सभ्यता का प्रसार' कहते हैं, तो वह इतने बुरे नहीं लगते। बम बरसते हैं, तो मरनेवाले सोचते हैं कि सभ्यता बरस रही है। चीनी नेता लड़कों के हुल्लड़ को 'सांस्कृतिक क्रान्ति' कहते हैं, तो पिटनेवाला नागरिक सोचता है कि मैं सुसंस्कृत

हो रहा हूँ। सांस्कृतिक क्रान्तिवाले सुन्दर बालवाले नागरिक को पास की नाई की दुकान में घसीटकर उनका सिर घुटवा देते हैं। बाल सँवारना बुर्जुआ प्रवृत्ति है न! घुटे सिर पर जब नागरिक हाथ फेरता होगा, तो कहता होगा—वाह, सिर पर सांस्कृतिक क्रान्ति हो गई। धन्य है नाई का क्रान्तिकारी उस्तरा! यह 'सांस्कृतिक क्रान्ति' और आगे बढ़ी, तो कभी आदमी की तरह रहना भी बुर्जुआ प्रवृत्ति घोषित हो जाएगा। तब किस जानवर की तरह जीना क्रान्तिकारी जीवन कहलाएगा? अभी मालूम हो जाए तो शुरू कर दिया जाए।

कह रहा था कि रोग कितना ही बुरा हो, उसकी कठोरता कम करने के लिए हम कम-से-कम इतना तो कर ही सकते हैं कि उसका मीठा-सा नाम रख दें। आश्रम के नाम से चकलाघर चले तो भला ही लगता है। नैतिक सुधार के नाम से अगर लड़कियाँ भगाई जाएँ, तो किसी को एतराज नहीं होता। डेंगू का नाम 'मधुरिमा' होता, तो मेरा यह दोस्त घबड़ाकर न कहता—अरे यार, हमें भी डेंगू हो गया। दृश्य दूसरा होता। मैं पूछता—क्यों? बिस्तर पर क्यों पड़े हो? वह मुस्कराकर कहता—थोड़ी मधुरिमा है। मीठा-मीठा दर्द हो रहा है। मगर नाम के डर के कारण वह 101 डिग्री बुखार में भी आध्यात्मिक ज्ञान बड़बड़ा रहा था। यों बिना बुखार के वह द्वन्द्वात्मक भौतिकवाद की बात करता है। बुखार में वह जीव, ब्रह्म और माया की बात कर रहा था। संसार असार है। शरीर नाशवान है। आत्मा अमर है। ब्रह्म ही सत्य है। मैंने कहा—यार, तू बड़ा भाग्यवान है। ऋषि-मुनि जिन्दगी-भर तपस्या करते थे, तब उन्हें अध्यात्म-बोध होता था। और बाधाएँ कितनी थीं—अप्सरा की, दूसरे ऋषियों से ईर्ष्या की। मगर तुझे सिर्फ 101 डिग्री बुखार में ही अध्यात्म-बोध हो गया। क्या डेंगू आध्यात्मिक बीमारी है? तपस्या और बुखार में क्या कोई फर्क नहीं है? क्या अध्यात्म एक तरह का 'डिलीरियम' है? अगर है तो इस वक्त शहर में हजारों ज्ञानी हैं। वे डेंगू के बुखार के जरिए आध्यात्मिक भूमिका में पहुँच गए हैं।

यों मुझे शक हुआ कि यह कुछ अभिनय कर रहा है। मैंने कहा भी कि यार, 101 डिग्री में इतना अध्यात्म नहीं आता। 105 या 106 में आ सकता है। तुम थोड़े बुखार में नाटकीय सम्भावनाएँ खोज रहे हो। राजनीति से लेकर बुखार तक में नाटकीयता प्रभावित करती है। चुनाव में ऊँची जाति का सम्पन्न उम्मीदवार किसान के घर जाकर कहता है—दद्दा, आज तो हम तुम्हारे घर रोटी खाकर ही जाएँगे। बाद में किसान सारे गाँव में कहता फिरता है—इत्ते बड़े आदमी हैं, पर घमंड बिलकुल नहीं है। (सावधान! यह नुस्खा पहले आम चुनाव का है। आगामी चुनाव में कोई उम्मीदवार या नाउम्मीदवार इसे काम में न लाए। नुकसान का जिम्मेदार मैं

नहीं। बात यह है कि जनता की समझ लगातार बढ़ती गई है, पर नेता की उतनी ही रह गई)। बात चुनाव की नहीं, नाटकीयता की है। बिना नाटक के बड़े काम करो, कोई चर्चा नहीं होती। इसका सबसे 'ट्रेजिक' उदाहरण शत्रुघ्न है। दशरथ के चारों लड़कों में सबसे कम नाम इसी का हुआ। बाकी तीनों भाइयों में खूब नाटकीयता थी। मर्यादा पुरुषोत्तम की तो बात ही निराली है। लक्ष्मण अजब नाटकीयता से पत्नी को छोड़कर भाई के साथ हो लिये। उन्हें तो अमर होना था। भरत खड़ाऊँ रखकर नन्दी ग्राम जा बसे। सब जिम्मेदारी से बरी। बेचारा शत्रुघ्न एक तो गृहस्थी चलाता रहा—गृहस्थी चलाना बनवास से बड़ा पराक्रम है। फिर राज्य का शासन चलाता रहा। यह बड़ा काम था। अगर वह ऐसा न करता, तो राम लौटकर क्या पा लेते? पर शत्रुघ्न की कोई खास कद्र नहीं हुई। उसने नाटकीय अन्दाज में कुछ नहीं किया।

शत्रुघ्न का दृष्टान्त मैंने इसलिए दिया कि यह अध्यात्म में डूबे मेरे मित्र के डिपार्टमेंट का जान पड़ता है। वह भुनभुनाया—जिसे डेंगू नहीं हुआ, वह इस कष्ट को नहीं समझ सकता। तुम्हें (ईश्वर चाहेगा) होगा, तब जानोगे कि यह नाटक है या नहीं। जानने के लिए होना जरूरी है। इसलिए लोग लेखक के लिए दुख भोगना जरूरी समझते हैं। नहीं होता तो देने लगते हैं। मुझे डेंगू के दुख की अनुभूति होनी चाहिए। तुलसीदास को बालतोड़ हुआ। वे पके बालतोड़ को छूने की पीड़ा को चरम पीड़ा मानते थे। लिखा है कि राम के राज्याभिषेक की तैयारी की बात सुनकर कैकेयी को ऐसी पीड़ा हुई जैसे पका बालतोड़ छू दिया हो। महाकवि को जरूर बालतोड़ हुआ था, वरना वे ऐसा न लिखते। यह रिसर्च डॉक्टरेट के लायक है।

मुझे डर पैदा हो गया। मित्र आध्यात्मिक भूमिका में था और कह रहा था कि तुम्हें डेंगू होगा। शुद्ध मन से कही गई बुरी बात जरूर फलवती होती है। क्षुब्ध कामना उतनी कारगर नहीं होती। पुराणों में तपस्वियों के वर और शाप का अनुपात 1:3 है। कोई भी टोटल करके देख सकता है। सिद्ध पुरुष गाली ज्यादा देते हैं और भक्त सुनकर खुश होते हैं। मैं डरा कि कहीं इस बीमार मित्र की बात सही न हो जाए। डर मेरे चारों तरफ है। शहर की आबादी का लगभग एक-तिहाई हिस्सा हमेशा बिस्तर पर पड़ा रहता है। कम्पाउंडरों को डॉक्टरों का दर्जा मिल गया है। जिन डॉक्टरों के पास कोई टिंक्चर लगवाने भी नहीं जाता था, उनके दिए हुए 'एंटी बायोटिक्स' लोग खा रहे हैं।

कहते हैं, डेंगू अपनी मौलिक बीमारी नहीं है। बाहर से आई है। फ्लू भी सुना है, जापान से आया है। सांस्कृतिक आदान-प्रदान की सन्धियाँ होती हैं, मगर रोग

आ जाते हैं। बीमारियाँ अन्तर्राष्ट्रीय हो गईं। हम बाहर की बीमारी ग्रहण करने के लिए बहुत तत्पर रहते हैं। हमने अपनी कोई बीमारी किसी को दी हो, मैं नहीं जानता। निर्यात अपना कमजोर है—सामान का हो, चाहे बीमारी का। सुना है, भारतीय गाँजा और भाँग पश्चिम में बहुत पसन्द किए जाते हैं। ये धार्मिक नशे हैं। साधु गाँजा पीकर त्रिकालदर्शी हो जाता है। आल्डस हक्सले भी मानता था। नशों के बदले में हम बीमारी में लेते हैं। पश्चिम को और नशा चाहिए, पूर्व को और बीमारी चाहिए। ज्यों-ज्यों पश्चिम का नशा बढ़ता जाता है, त्यों-त्यों इधर ज्यादा बीमारी भी बढ़ती जाती है। अपनी अर्थव्यवस्था को डेंगू हो चुका है। लेटती है तो उठा नहीं जाता। बिठा दो, तो लुढ़क जाती है। पूछता हूँ—माताजी, यह क्या हो गया? कहती है—बेटा, डेंगू हो गया। बाहर से 'इनफेक्शन' आया था। मेरे बेटे रुपए को भी डेंगू हो गया था। कितना दुबला गया बेचारा।

यह 'इनफेक्शन' कौन फैलाता है? कहते हैं, आमतौर पर मच्छर इसे फैलाते हैं। मच्छरों को बीमारी ढोने के सिवा कोई काम नहीं। शेर, हाथी या बैल 'इनफेक्शन' नहीं ढोते। मच्छरों से सावधान रहना चाहिए। वे अब अन्तर्राष्ट्रीय सम्पर्क वाले हो गए हैं। जो बीमारी की जगहें हैं, वहाँ अपने यहाँ से मच्छरों को नहीं जाने चाहिए। बीमारी देनेवाले देशों को अपने यहाँ से मच्छर न भेजा करें। पहले की असावधानी का नतीजा भुगत रहे हैं। डेंगू लग गया अर्थव्यवस्था को।

(लेखक को डेंगू हो गया। यह लेख इतना ही लिखा हुआ 8-10 दिनों तक पड़ा रहा।)

बीमारियाँ असहनशील हो गई हैं। वे अपना मजाक और आलोचना बर्दाश्त नहीं करतीं। मैं डेंगू के सम्बन्ध में मजाक कर रहा था। उसने बदला ले लिया। मुझे दबोच लिया। मेरा डर बढ़ गया है। बीमारियाँ बदले पर उतर आई हैं। मैंने कई बीमारियों को नाराज किया है। अगर वे सब सामाजिक, राजनीतिक, धार्मिक बीमारियाँ जिनका मैंने उपहास किया, बदला लेने लगीं तो लेखक का क्या होगा? क्या बीमारियों से समझौता कर लूँ? कह दूँ कि तुम सब खूब फैलो। तुम्हारी जय हो। बस, मुझे बचाती जाओ।

ग्रीटिंग कार्ड और राशन कार्ड

मेरी टेबल पर दो कार्ड पड़े हैं—इसी डाक से आया दिवाली ग्रीटिंग कार्ड और दुकान से लौटा राशन कार्ड। ग्रीटिंग कार्ड में किसी ने शुभेच्छा प्रगट की है कि मैं सुख और समृद्धि प्राप्त करूँ। अभी अपने शुभचिन्तक बने हैं, जो सुख दिए बिना चैन नहीं लेंगे। दिवाली पर उन्हें कम-से-कम याद तो आती है कि इस आदमी का सुखी होना अभी बकाया है। वे कार्ड भेज देते हैं कि हम तो सुखी हैं ही, अगर तुम भी हो जाओ, तो हमें फिलहाल कोई एतराज नहीं।

यह ग्रीटिंग कार्ड मेरे सुख की कामना कर रहा है। मगर राशन कार्ड बताता है कि इस हफ्ते से गेहूँ की मात्रा आधी हो गई है। राशन कार्ड ने ग्रीटिंग कार्ड को काट दिया। ऐसा तमाचा मारा कि खूबसूरत ग्रीटिंग कार्डजी के कोमल कपोल रक्तिम हो गए। शुरू से ही राशन कार्ड इस ग्रीटिंग कार्ड को गुर्राकर देख रहा था। जैसे ही मैं

ग्रीटिंग कार्ड पढ़कर खुश हुआ, राशन कार्ड ने उसकी गर्दन दबाकर कहा—क्यों बे साले, ग्रीटिंग कार्ड के बच्चे, तू इस आदमी को सुखी करना चाहता है? जा, इसका गेहूँ आधा कर दिया गया। बाकी कालाबाजार से खरीदे या भूखा रहे।

बेचारा ग्रीटिंग कार्ड दीनता से मेरी तरफ देख रहा है। मैं क्या करूँ? झूठों की रक्षा का ठेका मुझे थोड़े ही मिला है। जिन्हें मिला है, उनके सामने हाथ जोड़ो। मेरे राशन कार्ड को तेरी झूठ बर्दाश्त नहीं हुई। इन हालात में सुख की झूठी आशा लेकर तू क्यों आया? ग्रीटिंग कार्ड राष्ट्र संघ के शान्ति प्रस्तावों की तरह सुन्दर, पर प्रभावहीन है। राशन कार्ड खुरदरा और बदसूरत है, पर इसमें अनाज है। मेरे लिए यही सत्य है। और इस रंगीन चिकनाहट में सिर्फ सत्यहीन औपचारिक शुभेच्छा है। ग्रीटिंग कार्ड सत्य होता है। अगर इसके साथ एक राशन कार्ड भी भेजा गया होता और लिखा होता—हम चाहते हैं कि तुम सुख प्राप्त करो। इस हेतु हम एक मरे हुए आदमी के नाम से जाली राशन कार्ड बनवाकर भेज रहे हैं। जब तक धाँधली चले, सस्ता अनाज लेते जाना और सुखी रहना। पकड़े जाने पर हमारा नाम मत बताना। संकट के वक्त शुभचिन्तक का नाम भूल जाना चाहिए।

ऐसे ग्रीटिंग कार्ड नहीं आते। जो आते हैं, वे रीते होते हैं। यों मैं देख रहा हूँ कि कुछ लोग समझदार होते जा रहे हैं। अभी शारदोत्सव पर एक काव्य-संगीत का आयोजन किया गया था। संयोजक राशन कार्ड का महत्त्व समझते हैं। विज्ञप्ति में उन्होंने काव्य और संगीत के बाद यह भी छपवाया कि खीर भी खिलाई जाएगी। एक बन्धु ने पूछा—खीर यानी चावल की खीर? मैंने कहा—यों खीर कई चीजों की बनती है। पर—सिर्फ 'खीर' से चावल की खीर ही समझी जाती है—जैसे सिर्फ लेखक कहने से गुलशन नन्दा का बोध होता है। संयोजक ने सोचा होगा, यहाँ के काव्य-संगीत-प्रेमियों को चावल के दर्शन नहीं होते, ये खीर के लोभ में समारोह की शोभा बढ़ाने आ पहुँचेंगे। सुना है, वहाँ बहुत भीड़ हुई।

इन ग्रीटिंग कार्डों में ऐसा कुछ नहीं होता। झूठे होते हैं। पिछली डाक से मुझे जो ग्रीटिंग कार्ड मिला, वह उन मित्रनुमा प्रकाशक की तरफ से था, जो एक पाठ्य पुस्तक में मेरे बहुत-से रुपए खा चुके हैं। पर ग्रीटिंग कार्ड हर दिवाली पर आता है—तुम सुख और समृद्धि प्राप्त करो। मैं हर बार ध्यान से देखता हूँ कि इस कार्ड के चेहरे पर कोई शर्म भी है। नहीं होती। ठेठ निर्लज्ज भाव होता है, बल्कि शिकायत का भाव ही होता है कि तुमने थोड़े-से रुपए तो ले ही लिए थे। मैं कहता हूँ—बेशर्म कार्ड महाशय, मैं अगर समृद्ध हो जाऊँगा तो तुम्हें भेजनेवाले की समृद्धि उतनी ही कम हो जाएगी। जाओ, पूछकर आओ कि क्या सचमुच समृद्ध हो जाऊँ। कार्ड घबड़ाता है। कहता है—अरे साहब, उनसे क्या पूछना है। मैं क्या उन्हें जानता नहीं हूँ। इस शुभकामना को बिलकुल 'सीरियसली' मत लीजिए।

एक ग्रीटिंग कार्ड यह दवाफरोश का है—मॉडर्न केमिस्ट्स प्रोप्राइटर मेसर्स टिंगेलाल-पिंगेलाल एंड संस! कार्ड अंग्रेजी में है—हैपी दिवाली प्रास्परस न्यू ईयर—सीजन्स ग्रीटिंग्ज! मुझे पक्की जानकारी है कि टिंगेलाल और पिंगेलाल के संयुक्त पिताजी शुद्ध अपढ़ थे। टिंगेलालजी और पिंगेलालजी भी अंग्रेजी नहीं जानते। 'संस' के बारे में नहीं जानता। मगर ये दोनों भाई सत्यनारायण की कथा का निमंत्रण भी अंग्रेजी में ही देते हैं। 1947 में जब अंग्रेज भागने लगे, तो उन्हें चिन्ता थी कि हमारी जगह कौन लेगा। तब पिंगेलालजी और टिंगेलालजी ने कहा—अन्नदाता, हम तो हैं। अंग्रेज सन्तुष्ट हुए। बोले—अब हम जा सकते हैं। हमें योग्य उत्तराधिकारी मिल गए। आप लोगों के हाथों में हमारी अंग्रेजी भाषा सुरक्षित है। कोई भी भाषा अपढ़ों के हाथों में सुरक्षित रहती है। आशा है, आप लोगों के बेटे क्रिकेट भी खेलेंगे। दूसरे दिन कार्ड छप गया था—मेसर्स टिंगेलाल-पिंगेलाल रिक्वेस्ट दी प्लेजर ऑफ योर कम्पनी एट कथा सत्यनारायण...

इस कार्ड का मैं क्या अर्थ लूँ? अगर मैं सुखी हो जाऊँ तो टिंगे और पिंगेलालजी को दुख होगा—मैं बीमार नहीं पड़ूँगा तो उनकी दवा नहीं बिकेगी। इस ग्रीटिंग कार्ड का मतलब है—लक्ष्मी की कृपा से इस दिवाली के मौसम में आप बीमार पड़ें। मगर दवा हमारी दुकान से ही खरीदें।

दुकानदारों के ग्रीटिंग कार्ड तो तगादे होते हैं। उनका मतलब होता है—महाशय, आपके सुखी होने के तो कोई चांस नहीं हैं, मगर हमारा बिल रोककर आप हमारा सुख कम क्यों कर रहे हैं?

मित्रों से तो मैं कहना चाहता हूँ कि ये कार्ड न भेजें। शुभकामना इस देश में कारगर नहीं हो रही है। यहाँ गोरक्षा का जुलूस सात लाख का होता है और मनुष्य-रक्षा का सिर्फ एक लाख का। दुनिया-भर में शुभकामना बोझ हो गई है। पोप की शुभकामना से एक बम कम नहीं गिरता। मित्रों की इच्छा से ही कोई सफल, सुखी और समृद्ध कैसे हो जाएगा? सफलता के महल का प्रवेश-द्वार बन्द है। इसमें पीछे के नाबदान से ही घुसा जा सकता है। जिन्हें घुसना है, नाक पर रूमाल रखकर घुस जाते हैं। पास ही इत्र-सने रूमालों के ठेले खड़े हैं। रूमाल खरीदो, नाक पर रखो और नाबदान में से घुस जाओ सफलता और सुख के महल में। एक आदमी खड़ा देख रहा है। कोई पूछता है—घुसते क्यों नहीं? वह कहता है—एक नाक होती तो घुस जाते। हमारा तो हर रोम एक नाक है। कहाँ-कहाँ रूमाल लपेटें।

एक डर भी है। सफलता, सुख और समृद्धि प्राप्त हो भी जाए, तो पता नहीं कितने लोग बुरा मान जाएँ। संकट में तो शत्रु की भी मदद कर देते हैं। मित्रता की सच्ची परीक्षा संकट में नहीं, उत्कर्ष में होती है। जो मित्र के उत्कर्ष को बर्दाश्त कर सके, वही सच्चा मित्र होता है। संकट में तपी हुई मित्रता उत्कर्ष में खोटी निकलते

मैंने देखी है। एक बेचारे की चार कविताएँ छप गईं, तो चार मित्र टूट गए। आठ छपने पर पूरे आठ टूट गए। दो कवि-सम्मेलनों में जमने से एक स्थानीय कवि के कवि-मित्र रूठ गए। तीसरे कवि-सम्मेलन में जब वह 'हूट' हुआ, तब मित्रता अपनी जगह लौटी।

ग्रीटिंग कार्डों पर अपना भरोसा नहीं। 20 सालों से इस देश को ग्रीटिंग कार्डों के भरोसे चलाया गया है। अम्बार लग गए हैं। हर त्योहार पर देशवासियों को ग्रीटिंग कार्ड दिए जाते हैं—15 अगस्त और 26 जनवरी पर, संसद के अधिवेशन पर, पार्टी के सम्मेलन पर। बढ़िया सुनहले रंगों के मीठे शब्दों के ग्रीटिंग—देशवासियो, बस इस साल तुम सुखी और समृद्ध हो जाओ। ग्रीटिंग कार्डों के ढेर लगे हैं, मगर राशन कार्ड छोटा होता जाता है। आज बिहार से जयप्रकाश नारायण की अपील आती है कि मनुष्य को भूख से मरने से बचाओ। सरकार भी क्या करे बी.डी.ओ. के द्वारा समाजवादी क्रान्ति करवा रही थी। क्रान्ति अधूरी रह गई और बी.डी.ओ. का पद खत्म हो गया।

सरकार ठगा गई। उस दिन एक कर्मचारी कह रहा था—कल हमारा महँगाई-भत्ता बढ़ने की घोषणा हुई और आज बाजार में भाव बढ़ गए। सरकार फिर ठगा गई। सरकार को ठगना सबसे आसान है। नाबालिग है। मैंने नए बने हुए मकान के मालिक से पूछा।—कितना किराया है एक खंड का? उसने कहा—ये तो हमने सरकार के लिए बनाए हैं। तुम लोग तो ज्यादा-से-ज्यादा 125 रुपए दोगे। सरकार हर खंड का 250 रुपया दे रही है। बेचारी सरकार की तरफ से कोई मोल-भाव करनेवाला नहीं है। कोई भी ठग लेता है।

मुझे डर है, अगर ऐसा ही चला तो किसी दिन सरकार को डाकू पकड़ ले जाएँगे और वारिसों को चिट्ठी लिखेंगे कि जंगल में अमुक जगह इतने रुपए रख जाओ, तब तुम्हारी सरकार को छोड़ेंगे। तब क्या होगा? वारिसों का क्या भरोसा? मैंने सुना है, एक सेठ को डाकू पकड़ ले गए। बेटों को चिट्ठी लिखी कि 1 लाख रुपया दो तो तुम्हारे बाप को छोड़ देंगे। बेटों ने सोचा कि इस कीमत पर बाप बहुत महँगा पड़ेगा। उन्होंने जवाब दिया कि हमारा तो कोई बाप ही नहीं था।

अगर सरकार के वारिसों ने ऐसा जवाब दे दिया, तो क्या होगा? मुझे चिन्ता है, फिर ये ग्रीटिंग कार्ड कौन भेजेगा!

❑❑❑